dtv

«Wer sucht, der findet», heißt es. Im spirituellen Leben gilt jedoch häufig: «Wer sucht, der sucht und sucht ohne Ende.» Woran liegt das? Nicht unbedingt an den Lehren und Methoden. Meist geht die spirituelle Suche in die falsche Richtung. Aus eigener Erfahrung weist Steven Harrison einen grundlegend anderen Weg: Statt nach außen führt er nach innen, hin zu Selbstbestimmung und Stille. Die unvergängliche Botschaft aller Spiritualität in der Sprache unserer Zeit, Mystik ohne Brimborium oder Imponiergehabe, schnörkellos, radikal, befreiend.

«Eines Tages suchte ich einen der fähigsten Yogis im Himalaja auf. Diesem Mann war es offensichtlich vergönnt gewesen, einen tiefen Einblick ins Leben zu gewinnen. Ich sagte zu ihm, ich sei gekommen, um alles zu lernen, was er über die Kraft der inneren Welten habe in Erfahrung bringen können. Seine Antwort war schlicht und treffend: ‹Warum strebst du nach Macht? Wovor fürchtest du dich?› Damit entfernte er sich. Das Erforschen dieser Angst steht am Anfang und am Ende meiner spirituellen Suche.»

Steven Harrison war über zwanzig Jahre lang unterwegs in aller Welt auf der Suche nach Wahrheit und Erleuchtung. Er lebt als freischaffender Schriftsteller in Boulder, Colorado, USA.

Steven Harrison

Nichts tun

Ein Leitfaden zur inneren Freiheit

Aus dem Englischen von
Martin Frischknecht

Deutscher Taschenbuch Verlag

Ungekürzte Ausgabe
März 2003
Deutscher Taschenbuch Verlag GmbH & Co. KG, München
www.dtv.de
Titel der amerikanischen Originalausgabe:
Doing Nothing
Erschienen 1998 bei The Crossroad Publishing Company,
New York

Umschlagkonzept: Balk & Brumshagen
Umschlaggestaltung: Stephanie Weischer unter Verwendung
einer Fotografie von © photonica / Tomonori Taniguchi
Gesetzt aus der Sabon
Gesamtherstellung: Druckerei C. H. Beck, Nördlingen
Gedruckt auf säurefreiem, chlorfrei gebleichtem Papier
Printed in Germany · ISBN 3-423-36300-2

Still sitzen
nichts tun
der Frühling kommt
das Gras wächst

Zen-Spruch

Einführung

Dieses Buch ist nicht aus der Absicht heraus entstanden, eine bestimmte Philosophie zum Ausdruck bringen zu wollen oder um eine bestimmte Auffassung über das Leben zu verbreiten. Im Gegenteil. Dieses Buch ist eine Untersuchung der erfahrbaren Wirklichkeit unseres Daseins.

Es geht hier auch nicht darum, eine Methode oder einen Weg zu beschreiben, die aus der Verwirrung zur Klarheit führten.

Es gibt keinen Weg, es gibt kein System und keine Lehre, die uns Gewissheit darüber verschaffen würden, wie wir unser Leben zu führen haben. Systeme, Philosophien und Glauben sind statische Gebilde. Das Leben ist dynamisch.

Mit Konzepten und Vorstellungen sind wir bereits bis oben hin zugeschüttet. Man hat uns beigebracht, wie wir denken sollen, wie wir uns verhalten sollen, ja, wie wir sein sollen.

Dieses Buch ist nicht geschrieben worden, um in einem Regal aufbewahrt zu werden, um wieder gelesen und zitiert zu werden. Ist es einmal gelesen worden, gründlich zwar und verbunden mit tiefem Nachdenken, so hat es seinen Zweck erfüllt.

Wir brauchen keine neue Ideologie. Vielmehr brauchen wir eine aufrichtige Entschlossenheit, die Struktur unseres Geistes, so wie sie ist, unverstellt zu betrachten. Um diese Einsicht zu gewinnen, sind wir auf keine Vermittler angewiesen. Sie liegt von Anfang an klar vor uns. Wir müssen bloß willens sein, die Wirklichkeit unseres Lebens aus erster Hand zu betrachten.

Wir selber können unmittelbar wahrnehmen, wie unsere Wirklichkeit aus Gedankenformen entsteht, die aus dem Nichts hervortreten und vorüberziehen. In diesem Prozess des Entstehens und Vergehens lässt sich keinerlei Beständigkeit feststellen. Dennoch erwächst uns daraus die Vorstellung, da gebe es ein «Ich» und dieses «Ich» sei der Urheber der Gedanken.

Diese zentrale, ständig wiederkehrende Vorstellung ist uns so selbstverständlich wie unbewusst. Doch diese Vorstellung bildet den Kern der Wirklichkeit, in der wir leben. Sie steht im Zentrum des weit gespannten Netzes unserer Psychologie und sie ist der Kern des gesellschaftlichen Zusammenhalts, unserer Annahmen über das Universum und über Gott.

Eine Untersuchung dieser grundlegenden Annahme über uns selbst ist der wesentliche Anfang eines jeden Verstehens. Wenn das «Ich» eine Gedankenform ist und wenn es sich so verhält wie alle übrigen Gedanken auch, nämlich dass es aufkommt und vergeht, wer sind wir dann? Wer beobachtet, wenn das «Ich» vergeht?

Dieses Buch will den Leser auf eine Reise durch die Struktur des menschlichen Geistes mitnehmen. Vielleicht führt es auch an jenen ruhigen Ort, wo die Gedanken herkommen. Was getan werden soll, bleibt zu einem guten Teil dem Leser selber überlassen.

Um die Glaubwürdigkeit meiner Aussagen zu untermauern, habe ich keine akademischen Titel ins Feld zu führen. Vielleicht hat mir das die Freiheit beschert, zu schreiben, was ich geschrieben habe. In jungen Jahren haben mich Schmerz und Zwietracht in der Welt und in mir selber umgetrieben. Ich wuchs heran als Teil einer Gesellschaft, die übergeschnappt zu sein schien. Wie manch ein Angehöriger meiner Generation konnte ich mich nicht damit abfinden, dass politische Führer erschossen wurden und sinnlose Kriege stattfanden. Genauso wenig kam ich mit den Konflikten in meiner Familie, in meinen Beziehungen und in mir selbst zurecht. Die Sicherheiten einer Eliteuniversität hinter mir lassend, machte ich mich auf die Suche nach einer umfassenden und endgültigen Rundum-Antwort auf meinen Schmerz.

Im Verlaufe dieser Suche habe ich so ziemlich jeden Mystiker, jeden Seher und jeden Magier, der sich irgendwo auf der Welt hat finden lassen, aufgesucht. Ich unterzog mich strenger Askese und verbrachte viel Zeit in Abgeschiedenheit und Meditation. Die Philosophien und Religionen der Welt habe ich studiert: Ich tanzte mit Sufis, übte Zazen mit Buddhisten und rezitierte Mantren mit Hindus. Während ausgedehnten Aufenthalten in Indien und im Himalaja widmete ich mich der Suche, der Kontemplation, dem Sein. Die letzten 25 Jahre meines Lebens habe ich damit verbracht, Schüler zu sein und später auch Lehrer von all dem, was ich entdeckt hatte.

Doch das alles war umsonst.

Kein System, keine Philosophie und keine Religion ist den Verhältnissen des Menschen je gerecht geworden. Obwohl ich in immer weitere Tiefen meines Geistes und meines Bewusstseins vordrang, gab es keine Erfahrung, die mich aus meinem Dilemma hätte befreien können. Egal, wie weit ich reiste, egal, wie intensiv ich praktizierte und gleichviel, was für einen Meister ich fand: Im Mittelpunkt meiner Erfahrung stand stets wieder ich selbst. Die Erfahrungen mochten noch so tief sein, stets waren sie von einem «Ich» gemacht worden. Und das eigentliche Problem, das war dieser Sammler von Erfahrungen.

Eines Tages suchte ich einen der fähigsten Yogis im Himalaja auf. Diesem Mann war es offensichtlich vergönnt gewesen, einen tiefen Einblick ins Leben zu gewinnen. Ich sagte zu ihm, ich sei gekommen, um alles zu lernen, was er über die Kraft der inneren Welten habe in Erfahrung bringen können. Seine Antwort war schlicht und treffend: «Warum strebst du nach Macht? Wovor fürchtest du dich?» Damit entfernte er sich.

Das Erforschen dieser Angst steht am Anfang und am Ende meiner spirituellen Suche.

Irgendwann mitten in dieser Suche gelang mir die tief greifende Entdeckung, dass nicht Schmerz und Zwietracht das Problem sind, sondern der Sucher selbst. Das

Problem war mein Streben nach einer Antwort und nach einer Lösung, die mich hätte befreien sollen von der Last des Empfindens. Wenn der Sucher aber sein Streben aufgibt, gibt es keine Lösung mehr. Und wo es keine Lösung gibt, verändert sich die Natur des Problems auf grundlegende Weise.

Da ist keine Position, keine Ideologie, keine Philosophie und keine Religion, die eine Antwort bieten würde auf die Frage, vor die uns das Leben selbst stellt. Systeme sind dazu in die Welt gesetzt worden, um uns die Gewissheit, die Festigkeit und den Trost einer Antwort zu verleihen. Die Frage, vor die uns das Leben stellt, liegt in der Bewegung des Lebens selbst. Es ist seiner Natur gemäß dynamisch, ungewiss – und eben lebendig.

Wer dafür offen ist, dem erschließen sich die Tatsachen der Existenz zu jeder Zeit. In der Stille können wir sie berühren, frei von den Verzerrungen eines Glaubens. Angesichts der Weite, der Magie und der unbekannten Qualität des Lebens mag es uns in einem Augenblick wahrer Demut vergönnt sein, das Eigentliche zu entdecken, das all unsere Konzepte hinwegspült.

Von dieser Offenheit handelt das vorliegende Buch. Die Aussagen wollen von der Leserin und dem Leser in der unmittelbaren Verbindung mit dem eigenen Leben überprüft werden. Diese Verbindung ergibt sich nicht aus der Lektüre der folgenden Worte. Sie erwächst aus der Stille nach dem Verklingen der Worte, wenn Gedanken und «Ich» ins Nichts entschwinden.

Eine Geschichte von der absoluten Wahrheit

Ein König nahm einst Anstoß am wankelmütigen Wesen der Wahrheit. Als absoluter Herrscher, der er war, beschloss er, die relative Wahrheit sei aus der Welt zu schaffen. Per königliches Dekret verfügte seine Majestät die absolute Wahrheit.

Des Königs Gesetz war einfach: Wenn jemand seine Stadt betrat und er sprach nicht die absolute Wahrheit, so sollte er sogleich als Lügner gehenkt werden.

Der König wähnte sich zufrieden. Er glaubte, damit dem letztgültigen Ausdruck von Wahrheit in der Welt zum Durchbruch verholfen zu haben.

In der Nähe des Königreichs lebte ein verrückter Weiser. Als der Weise vom Dekret des Königs erfuhr, lachte er sich die Hucke voll.

Anderntags ließ er sich vor den König führen und sagte dem Herrscher aufs Gesicht zu: «Ich belüge dich, und kraft deines Dekrets wirst du mich noch heute henken lassen.»

Der König war baff. Henken konnte er den Verrückten nicht, sonst hätte dieser ja die Wahrheit gesprochen.

Ließ er den Weisen aber nicht henken, so hatte dieser ungestraft gelogen.

Der König tat weder das eine noch das andere. Stattdessen gab er sein Reich auf und schloss sich dem verrückten Weisen an. Er wollte bei dem Weisen mehr über das Wesen der absoluten Wahrheit in Erfahrung bringen.

Etwas stimmt nicht: Leere und Wirklichkeit

Wenn wir seelischen Schmerz erfahren, wird offenkundig, dass etwas mit uns nicht stimmt. Der Schmerz ist ein Sendbote des Lebens; er bringt eine große Veränderung in die Welt, die uns vertraut ist.

Solange uns die Botschaft des Schmerzes nicht erreicht, sind wir zufrieden schlummernde Geschöpfe in Gewohnheit, Bequemlichkeit und heiliger Einfalt. Wir verbringen das Leben in Beschränkung und Rückzug.

Sowie wir den Schmerz anerkennen, schlägt die Stunde der Freiheit. Der Schmerz schreckt uns auf. Wir erwachen und es tut weh. Folgen wir der Spur dieses Konflikts, so können wir dorthin gelangen, wo unsere Schwierigkeiten ihr Ende finden. Das ist dort, wo wir mit uns selbst an ein Ende kommen.

Zunächst versuchen wir wohl, den Schmerz zu betäuben; wir weichen ihm aus oder verleugnen ihn. Doch egal, was wir unternehmen, es wird uns nicht gelingen, ihn loszuwerden oder ihm zu entfliehen. Selbst wenn wir ein Leben lang erfolgreich vor ihm weggelaufen sind, werden wir ihm in der Stunde des Todes wieder begegnen.

Wenn wir begreifen, dass wir uns nicht entziehen können, versuchen wir es mit einer Verlagerung und Umwandlung des Schmerzes. Wir experimentieren mit Drogen, wir unterziehen uns einer Psychotherapie, versuchen es mit Meditation, Yoga, Religion. Auf die Weise wollen wir zu Wesen werden, die Schmerz nicht kennen. Doch die Ursache von Schmerz liegt im Werden selbst. Schmerz ist diese ständige Bewegung auf etwas anderes zu, das Haschen nach etwas, das außerhalb von uns liegt, das Streben nach einer Lösung, die letztlich doch nie funktioniert.

So streben wir nach einer zunehmenden Vergeistigung. Wir werden zu liebenden, gütigen Wesen. Das heißt, wir werden zu einem Dämon, der in den Gewändern eines Heiligen lebt. Dem Anschein nach sind wir glückliche und erleuchtete Menschen, zumindest sind wir in zufrieden stellendem Maße unterwegs auf dem Pfad der Verwirklichung. Doch in uns drin tut es weh.

Nun, da wir uns erhoben und geläutert haben – von Freiheit noch immer keine Spur –, werden wir zynisch, ablehnend und lustlos. Immer noch sind wir daran, etwas zu werden, und immer noch leiden wir.

Unser ganzes Leben verbringen wir in Bezug auf den Schmerz, und doch haben wir diesen Schmerz nie vollständig gefühlt, geschweige denn ihn je umarmt. Würden wir ihn willkommen heißen und umarmen, umarmten wir uns selbst. Wir umarmten nichts.

Diese grundlegende Leere ist es, die uns zum Leben erweckt. In Tat und Wahrheit tut es nicht weh. Es ist leer.

Dieser weite Raum ist das Tor zur Wirklichkeit.

Wenn wir von «Leere» sprechen, verwenden wir ein Wort, das nicht das wiedergibt, worum es geht. Vielleicht gibt es in unserer Sprache keine Wörter, die uns in diesem Punkt weiter helfen, denn es handelt sich nicht um die Beschreibung einer Abwesenheit. Gemeint ist vielmehr ein erfülltes Universum, allerdings ohne dass es darin einen Beobachter gäbe.

Und doch ereignet sich in diesem Universum ein Sehen. Und es stellt sich Wirklichkeit ein, das heißt, es werden Gedanken empfangen. Das geschieht, ohne dass es einen Denker gäbe. Das ist Leere.

Physiker, und nicht etwa Metaphysiker, sind bis dato mit der elegantesten Beschreibung dieser Leerheit hervorgetreten. In der Quantenphysik werden Wahrscheinlichkeitswellen beschrieben, denen eine fass- oder messbare Dinglichkeit nicht zukommt. Bis nicht ein Bewusstsein hinzutritt und durch seine Beobachtung oder Bezugnahme Wirklichkeit erschafft, gibt es in der Welt der Quantenphysik keine greifbaren Objekte.

Leere verneint nicht die Existenz von Gedanken oder von Erkenntnis. Die Welt verschwindet nicht in der Leere. Die Welt entsteht aus der Leere, und indem die Leere anerkannt wird, wird die Welt transformiert.

Wir können sagen, die Welt sei eine Illusion. Tatsächlich aber ist diese Illusion der Beobachter. Die wirkliche Illusion liegt darin, dass der Beobachter sich fest und beständig wähnt. Die Illusion liegt darin, dass der Beobachter glaubt, er nehme eine objektiv feststellbare Welt außerhalb seiner eigenen Bedingtheit wahr. Dass das eine Illusion ist und keine Tatsache, erweist sich sehr rasch, sobald wir uns auf die Suche nach dem Beobachter machen. Wo steckt er? Wie ist er beschaffen? Ist er beständig und fest?

Aus der Leere erwächst ein Betrachten ohne Betrachtenden. Der Begriff «Leere» steht nicht für das Aufheben von Verantwortung gegenüber der Welt. Im Gegenteil. Eine direkte, umfassende Verbindung mit der Welt bringt eine umfassende Verantwortung für die Welt mit sich. Und das ist nur möglich, wo sich die Vorstellung eines Beobachters auflöst. Unser Glück, unser Wohlstand und unsere Unversehrtheit lassen sich vom Zustand der Welt nicht trennen, sind wir doch selbst untrennbar mit der Welt verbunden.

«Leere» meint auch nicht, alle Herausforderungen, die das Leben an uns stellt, seien damit aufgehoben. Nach wie vor müssen wir uns um unsere Gesundheit kümmern, weiterhin müssen wir einer Arbeit nachgehen und die Beziehung zu Familienmitgliedern und Freunden pflegen. Diesen Anforderungen erwächst hier eine neue Qualität. Sie sind Ausdrucksformen eines einenden Prinzips. Durch die Leere werden wir zum ersten Mal mit der Fülle des Lebens vertraut.

Die Idee des Betrachters beruht auf der Vorstellung, dass es da so etwas wie einen Denker gebe, der seinem Wesen nach fest und beständig ist. Die Erkenntnis, dass es weder einen Denker noch einen Betrachter gibt, räumt den Weg frei zur Verwirklichung von Einsicht.

Einsicht sprengt unsere Konzepte und Rahmenvorstellungen und gleichzeitig macht sie uns vertraut mit der Wirklichkeit, die hinter der Welt der Ideen liegt.

Einsicht verändert grundlegend die Natur dessen, was wir bis dahin als Leere betrachtet haben.

Den Begriff der Leere verwenden wir in Bezug auf einen Zustand, den wir als erfüllt, fassbar und an einen Ort gebunden wahrnehmen. Diese Art von Vorstellung ist beschreibend, doch sie ist nicht das, was sie beschreibt.

«Leere» hat nicht weniger Bedeutung als das, was wir für fest und fassbar halten. Leere enthält die Wirklichkeit. Und Wirklichkeit ist eine Bewegung von Energie. Energie wiederum ist weder leer, noch ist sie fassbar. Sie ist bewegte Möglichkeit. Die Einsicht, nicht der Sehende verwandelt diese bewegte Möglichkeit in Wirklichkeit.

Der Mythos der Psychologie

Je tiefer wir die eigene Leerheit berühren, desto stärker suchen wir nach einer Erklärung. Uns treibt der Wunsch um, einen zu Tage tretenden Konflikt beizulegen. Dieser Konflikt entsteht zwischen der Auffassung eines festgefügten Selbst und der offensichtlichen Leere, die wir entdeckt haben. Leere wird in diesem Zusammenhang wahrgenommen als psychologischer Schmerz.

Damit betreten wir gefährliches Terrain. Wir sind verwirrt. Auf der Suche nach Hilfe sehnen wir uns nach einem Führer. Ein Führer bietet sich an in der Gestalt eines Psychologen oder Psychiaters.

Sind wir uns bewusst, dass wir drauf und dran sind, eine religiöse Entscheidung zu treffen? Die direkte Verbindung zu dem, wer wir sind, geben wir auf und tauschen sie ein gegen ein Erklärungsmodell, das sich herleitet aus wechselseitigen Übereinkünften, aus Mythen und gesellschaftlichem Druck. Ist uns bewusst, dass die Sichtweise des Therapeuten uns verändern wird? Wir werden zu dem werden, woran der Therapeut glaubt.

Wir werden untersucht, wir werden behandelt und womöglich werden wir geheilt. Vielleicht werden uns

Medikamente verabreicht, vielleicht Erklärungsmodelle, vielleicht werden uns therapeutische Maßnahmen verschrieben. Es kommt zu Kreativitätstrainings und zu Hausaufgaben; wir bekommen ein Kissen zum Hineinschreien, Delfine, um mit ihnen zu schwimmen. Was geschieht dabei wirklich?

Das Selbst, das vermeintliche Zentrum, wird durch die Therapie verstärkt, die Leere wird verleugnet. Wir werden zu funktionierenden Produktivkräften geformt, wir werden wieder fähig zu Arbeit und Fortpflanzung, wir sind bereit für Alter und Tod. Leer sind wir noch immer, und das nehmen wir wahr in den Pausen, zwischen der Einnahme von Medikamenten oder zwischen zwei Therapiesitzungen. Die Leere zeigt sich uns als unauslotbarer Schmerz.

Dieser Schmerz enthält eine Botschaft, diese heißt: «Erwache!» Psychologen und Psychiater, welche diese Botschaft verstanden haben, verstehen auch, dass ihre Aufgabe eine grundlegend andere sein muss. Sie werden zu Hebammen des Bewusstseins. Doch das werden sie erst, wenn sie bereit sind, dem eigenen Konflikt ins Auge zu blicken.

Wenn es im Leben darum geht, diesen Konflikt zu lösen und die letztgültige Wahrheit des Lebens zu entdecken, werden wir nicht darum herumkommen, die Leere zu umarmen.

Wie verhalten wir uns dann gegenüber seelischem Leiden, gegenüber Sorgen und Ängsten, Zorn und unerlösten Erinnerungen an schmerzliche und schädigende Erfahrungen? Was tun wir, wenn wir damit einen Therapeuten oder Psychologen aufsuchen, um diesen unangenehmen Gefühlen und Gedanken etwas entgegenzusetzen?

Wenn wir zum Therapeuten gehen, damit wir wieder funktionieren können, damit wir im Leben zurechtkommen, damit es uns besser geht, damit wir uns geschickter verhalten und uns besser fühlen, dann sind wir in einer therapeutischen Praxis wohl am richtigen Ort.

Unbestreitbar ist das die nützliche Seite der Psychologie, von Therapeuten und Psychiatern. Hier wird uns ein Verband auf die Wunde gelegt. Damit versehen, kommen wir wieder besser zurecht. Nach einer Behandlung haben wir oft das Gefühl, in der Therapie große Einsichten und ein neues Verständnis unserer selbst gewonnen zu haben.

Wenn therapeutischer Fortschritt auf diese Weise nicht möglich ist, wenn wir ständig in einer Krise stekken, werden uns vielleicht Medikamente verschrieben. Unser Befinden wird sich so lange verändern, wie wir unter dem Einfluss der Droge stehen. Bezeichnenderweise läuft diese Veränderung auf einen angenehmeren oder besser funktionierenden Zustand hinaus. Gelegentlich bleiben Medikamente aber auch wirkungslos oder ihre Wirkung ist problematisch.

Der bloße Kontakt zu einem anderen Menschen während einer Stunde, und das dreimal die Woche, zeitigt manchmal die Wirkung, dass wir uns erhoben und erleichtert fühlen. Um was für eine Form von Therapie es sich dabei handelt, braucht keine Rolle zu spielen.

Was fehlt beim therapeutischen Verständnis des Geistes? Nichts, wenn es das ist, was wir wollen: eine Verschiebung der Probleme ohne grundlegende Lösung. An der Therapie ist nichts falsch. Wir sollten bloß nicht vergessen, dass die Therapie nie zu Ende sein wird und dass ihr Zweck darin liegt, uns vom Druck des Konflikts zu erleichtern, so dass wir wieder normal funktionieren. Ist es das, was wir leben wollen, die Normalität, welche uns hier verschrieben wird?

Ein Mann erscheint mit einem Huhn unter dem Arm beim Psychiater. Er sagt zum Arzt: «Herr Doktor, das hier ist mein Bruder. Er glaubt, er sei ein Huhn.»

Behandelt der Arzt nun des Mannes Bruder? Was für eine Art von Behandlung ist in so einem Fall angebracht? Mit wie vielen Behandlungsstunden ist zu rechnen, bis der Bruder seinen Zustand der Verwirrung überwunden haben wird?

Ist es nicht offensichtlich, dass im vorliegenden Fall keine Art von Behandlung erfolgreich sein wird, weil die Ausgangslage verkehrt ist? Wenn der Geist sich selber zuwendet, um seine Konflikte zu lösen, kann das gelingen? Oder stimmt da nicht vielmehr etwas mit der Prämisse nicht?

Das Problem des Bruders, der glaubt, ein Huhn zu sein, wird von vielen anders angegangen. Sie haben erkannt, dass sie nicht einen Bruder vor sich haben, sondern ein Huhn. Um das Problem zu lösen, wenden sie sich an andere Autoritäten, an eine exotischere Figur als an einen Psychiater. Wenn der nicht helfen kann, so kann es vielleicht ein Veterinär. Schließlich geht es doch um ein Huhn.

Katholiken suchen nach Antworten im Hinduismus, Juden im Buddhismus, Atheisten im Existenzialismus, Kommunisten im Kapitalismus. Amerikaner reisen nach Indien, Inder nach Amerika. Wenn dies keine Lösung bringt, so vielleicht jenes. Wenn der Psychiater meinem Bruder nicht helfen kann, so könnte es einem Veterinär gelingen.

Doch die Grundannahme ist nach wie vor falsch. Egal, wohin wir aufbrechen und an wen wir uns wenden, das Problem wird weiterbestehen. An wen soll der Mann sich wenden, um Hilfe zu finden für seinen Bruder, der glaubt, ein Huhn zu sein? Wen suchen wir auf, um unsere eigenen Konflikte zu lösen?

Ist es nicht klar, dass wir zunächst die Voraussetzungen unserer Konflikte verstehen müssen, bevor wir hoffen können, einen Lösungsansatz zu erkennen? In Tat und Wahrheit gibt es schließlich gar keinen Bruder. Also gibt es auch keinen hinreichenden Grund, nach einer Lösung für dessen Problem der Verwechslung mit einem Huhn zu suchen. Und doch besteht da ein Konflikt.

Der Geist ist ein sich selbst erschaffendes Gespinst von Neurosen, die als Konflikte auftreten, nicht unähnlich der Verwechslung des Bruders mit dem Huhn. Die Verwirrung des Bruders gibt es nicht, weil es den Bruder nicht gibt. Unseren Konflikt gibt es nicht, weil es uns nicht gibt.

Ohne ein Zentrum, gibt es da einen Konflikt?

Das medizinische Modell von Geist und Psyche hat sich in den letzten fünfzig Jahren verändert. Heute geht man davon aus, dass sich das Denken durch Einflüsse von außen leicht steuern lässt, insbesondere durch Drogen und chirurgische Eingriffe.

Gleichzeitig wird in der Wissenschaft anerkannt, dass wir über die biochemischen Abläufe im Gehirn noch nicht genug wissen, um eine einheitliche Theorie über die Funktionsweise unseres Geistes zu formulieren. Doch die Wissenschaft geht von der Annahme aus, es handle sich hierbei lediglich um eine Frage der Zeit und um den entsprechenden Fortschritt wissenschaftlicher Erkenntnis.

Untrennbar verbunden mit diesem Modell von Geist und Psyche, hat sich in der psychiatrischen Praxis die Ansicht durchgesetzt, das Schwergewicht der Arbeit drehe sich darum, die Chemie des Denkens auf angemessene Weise zu beeinflussen. Es ist unbestreitbar, dass es im Denken einen Mechanismus zwischen Ursache und Wirkung gibt. Ein Psychotiker wird durch Thorazine fügsam, ein Depressiver wird durch Prozac zufrieden gestellt.

Was in diesem Modell des Geistes und der Psychiatrie fehlt – und wir sprechen hier von einer enormen Lücke –, ist der Blick auf den Geist in seinem Zusammenhang.

Weil das Denken als ein isolierter mechanischer Vorgang verstanden wird, der unabhängig von seiner Umgebung abläuft, ist es der Psychiatrie nicht möglich, den größeren Zusammenhang zu erfassen. Das rührt daher, dass dieser größere Zusammenhang der Wissenschaft ganz allgemein nicht bekannt ist.

So verblüffend es auch scheint, für Bewusstsein gibt es in der Wissenschaft kein Modell. Es gibt keine allgemeine Feldtheorie für das Bewusstsein. Das ist so, obwohl das Bewusstsein der Kontext ist, in dem sich der Geist und sämtliche seiner Erscheinungen – einschließlich Wissenschaft und Psychiatrie – entfalten.

In der Welt der Therapie gibt es keine grundlegenden Lösungen. So etwas hat es nie gegeben.

Wenn wir psychologische Konflikte lösen wollen, müssen wir uns anderswohin wenden.

Erstens müssen wir erkennen, wie unser Konzept von Zeit dazu beiträgt, seelische Strukturen aufrechtzuerhalten und sie zu verewigen. Ohne unsere Auffassung von Zeit gäbe es keine Vorstellung von «besser werden», «es durcharbeiten», «einen psychologischen Prozess durchlaufen» und was der Begriffe mehr sind, um psychologischen Fortschritt auszudrücken. Ohne unsere Auffassung von Zeit gibt es immer nur ein Ereignis aufs Mal. Was geschieht, ereignet sich in der Gegenwart und ist offensichtlich zu erkennen, falls wir es erkennen wollen. Die Hilfe eines Vermittlers ist nicht vonnöten.

Ohne unsere Auffassung von Zeit ereignet sich alles immer nur in der Gegenwart: der psychologische Konflikt, unsere Verbindung damit, die Lösung und die damit verbundene Einsicht.

Zweitens müssen wir uns mit dem psychologischen Gedächtnis befassen. Als Teil unseres Denkens hat es den Verlauf von Ereignissen nicht so verzeichnet, wie sie eintraten, sondern so, wie sie für uns eintraten. Dieser Einbezug des Subjekts in die Geschichte, die andauernde Projektion dieser Verbindung von Subjekt und Geschichte in die Zukunft, bildet die Grundlage psychologischer Probleme.

Zeit und Gedächtnis sind zwei Aspekte unseres Denkens. Wenn wir ihr Wechselspiel vollends erfassen, treten die psychologischen Probleme in einer zugänglichen, unmittelbaren Gegenwart hervor. Einen anderen Ort in der Zeit gibt es für sie nicht.

Nun, da ein Problem in der unmittelbaren Gegenwart vor uns steht, was fangen wir damit an?

Ganz und gar nichts.

In Bezug auf ein Problem irgendetwas zu unternehmen, heißt, einem Problem Energie und Nahrung zuführen. Wenn wir ein Problem in den Griff bekommen wollen, um es zu manipulieren, die Sache zu verbessern oder sie zum Verschwinden zu bringen, so führt das bloß dazu, dass das Problem sich auf der Ebene unserer Wirklichkeit verfestigt.

Wir haben das Problem verfestigt, indem wir uns auf seine Lösung fixiert haben. Und weil sich die angestrebte Lösung nicht einstellen will, haben wir auch noch ein zusätzliches Problem geschaffen.

Was geschieht, wenn wir nichts tun? Nichts. Das Problem hat niemanden, den es in Anspruch nehmen könnte. Es fehlt ihm die Energie. Es fehlt ihm ein Gegner. So vermag es nicht mehr länger zu existieren. Es ist nicht mehr Teil unserer Wirklichkeit.

Das ist die Lösung von psychologischen Problemen. Möglich ist sie nur in der Gegenwart. Wir brauchen dazu keine Hilfe. Was von uns verlangt wird, ist nicht mehr als unsere Stille.

Der Mythos der Erleuchtung

Wir haben gesehen, wie eingeschränkt, ja destruktiv das psychologische Modell ist, und doch drängt es uns weiterhin danach, verstehen zu wollen.

Das Verlangen, die Beunruhigung aufzulösen, die von der uns eigenen Leere ausgeht, mag noch bestärkt werden durch den Mythos der Erleuchtung.

Man macht uns weis, diese Beunruhigung lasse sich auflösen. Die Lösung liege anderswo, sie sei ein Zustand, ein Ort und dieser Ort trage den Namen «Erleuchtung».

Dieses mythische Konstrukt scheint uns ein für allemal von der Leere zu befreien, denn wir werden auf einen Schlag mit Konzepten versorgt. Nun haben wir einen Zweck, ein Ziel, ein Ringen, eine Reise und eine Richtung. Wir sind nicht mehr leer, aber wir streben noch immer nach einem Heilmittel gegen die Leere.

Wir sind voll, wir haben die Verbindung zur Leere verloren, und dennoch erinnern wir uns an sie und sie geistert durch unser Denken. Wir werden viel Zeit darauf verwenden, nach der Erleuchtung zu suchen. Doch suchen ist sinnlos, denn sie ist weder da noch dort.

Wir mögen auf Kissen sitzen und Wände anstarren, wir mögen ekstatisch tanzen, beten und singen. Wir mögen rund um die Welt reisen auf der Suche nach der Erleuchtung. Wir mögen dem bedeutendsten aller Gurus begegnen und die geheimste der Lehren entdecken. Und es bringt alles nichts.

Selbst das mögen wir bemerken. Schlau wie wir sind, mögen wir erkennen, dass die Erleuchtung nicht dort ist, sondern hier.

Hier war sie immer schon. Sie ist in diesem Augenblick.

Ist sie nicht.

Sie ist nicht hier. Sie ist nirgendwo. Erleuchtung ist ein Konzept, eine Vorstellung, ein Glaube.

Das Selbst und das Ich haben ihre eigene Auflösung projiziert auf dort draußen – oder eben auf hier drin. Doch diese Projektion ereignet sich in der Zeit. In der Zeit sind wir stets dabei, uns anzunähern, nie kommen wir zur Ruhe.

Erleuchtung ist ein Mythos, denn das Selbst ist ein Mythos.

Wieder sind wir in Kontakt mit der Leere.

Lehrer und Autoritäten, Faschismus und Liebe

Nach einer langen, aufreibenden Reise erreicht ein Suchender den Gipfel eines Berges, wo einsam ein Guru haust.

«Meister, was ist der Sinn des Lebens?», fragt der Suchende.

«Mein Sohn, das Leben ist eine Schale voller Kirschen», sagt der Guru.

Sich so etwas anhören zu müssen nach all den Mühen, die er auf sich genommen hat, macht den Suchenden wütend und das lässt er den Guru wissen.

Der Guru überlegt eine Weile und antwortet: «Glaubst du denn, es sei anders?»

Die Leere macht uns derart orientierungslos und verwirrt, dass wir nach einem Menschen Ausschau halten, dem es damit anders geht.

Wir erfahren, dass es Lehrer und Gurus gibt und dass diese Menschen mit besonderer Macht und außerordentlichem Wissen ausgestattet sind.

Vielleicht trifft das zu, doch wozu soll es gut sein, nach solchen Menschen zu suchen?

Ist diese Hinwendung eine Reaktion auf das Chaos, eine Suche nach Führung und Autorität, eine Hinwendung zu Ordnung und Faschismus angesichts der Unruhe? Wenn dem so ist, dann dürfen wir erwarten, dass die Autorität, der wir uns zuwenden, unser Problem lösen wird. Wir müssen auch davon ausgehen, dass die Autorität, die wir so finden, später zu einem Problem werden wird.

Ein solcher Lehrer ist die Figur unserer Projektion, er ist ein Ausdruck unserer Angst und Beklemmung und unserer Trägheit. Wir projizieren eine Vaterfigur, die keine Zweifel kennt, die ein Ausbund ist an Autorität und Disziplin. Wir projizieren eine Mutterfigur, die nährend ist, vergebend und voller Verständnis. Den Lehrer verehren und erhöhen wir, doch uns selber schenken wir kein Vertrauen. Wir wollen nicht wahrhaben, wer der Lehrer wirklich ist. Doch wir wissen es bereits.

Der Lehrer sind wir. Der Vater ist das Kind. Das Kind ist der Vater. Indem er die gesammelten Projektionen auf sich zieht, übernimmt der Lehrer die Führung. So erschaffen wir eine Autorität, vor der wir uns verneigen. Wir sind es, welche diese Autorität bestimmen. Wir wissen: Der Kaiser trägt keine Kleider. Doch solange unsere Bedürfnisse zufrieden gestellt werden, verraten wir darüber kein Wort.

Das Guru-Spiel ist wie das Spiel mit der Erleuchtung. Wir spielen es, weil wir unserer Leere nicht ins Gesicht sehen wollen.

Wenn wir meinen, auf sie gebe es eine Antwort, haben wir die Leere falsch verstanden. Die Verwirrung entsteht nicht auf Grund von schwierigen Fragen, welche uns überforderten, sondern auf Grund eines Fragenden, der sich auflöst. Verwirrung steht am Anfang von wahrer Intelligenz. Die Rede ist von einer Intelligenz ohne Mittelpunkt, ohne eine Vorherrschaft des Denkens.

Wenn wir diese Intelligenz im Namen eines Gurus opfern, wenn wir unsere spirituelle Verantwortung beiseite stellen, um der Autorität eines anderen Platz zu machen, treten wir ins Land der verlorenen Seelen ein. Hüte sich, wer kann! Denn hier sind die Seelen verloren und genauso verloren ist der Guru.

Macht korrumpiert. Die erdrückende Beweislast unzähliger Sex- und Geldskandale spricht für die Wahrheit dieser Aussage. Unzählige dieser weisen, charismatischen Lehrer haben sich verstrickt in Lug und Trug, während ihre Schüler für alles eine vernünftige Erklärung bereithielten.

Eine Bewegung hin zu wachsender Dummheit liegt in der Natur der Sache, denn bereits der erste Schritt ist ein Fehltritt: Es ist der Verzicht auf die eigene Verantwortung.

Keine Autorität vermag auf unsere Frage eine Antwort zu geben, doch vielleicht haben wir das Glück, auf einen zu stoßen, der unsere Antwort in Frage stellt.

Das Talent, Fragen zu stellen, ist eine kostbare Gabe. Ein Mensch, der darüber verfügt, eröffnet uns eine grundlegend andere Form von Beziehung, vorausgesetzt, wir sind empfänglich und bescheiden genug, das Wesen einer solchen Begegnung zu anerkennen.

In einer solchen Beziehung gibt es keine Autorität und keine Macht, außer die Autorität und die Kraft der Frage.

Wo die Frage herrscht, gibt es keine dauerhaften Antworten. Ohne Antwort gibt es keine Macht, es gibt keine Autorität und keinen, der Bescheid weiß.

Die Projektionen auf einen solchen Guru finden keinen Halt, um sich an ihm festzumachen. Wenn wir einem solchen Menschen begegnen und uns wird die Frage gegeben, merken wir, dass es hier nichts zu erwerben gibt. Wir sind in Beziehung, und wir sind es ohne Aussicht auf Gewinn, doch mit der Bereitschaft, alles herzugeben. Wir lieben. Das ist der Guru. Wir haben zu unserer wahren Natur gefunden.

Die dunkle Nacht der Seele

Was geschieht, wenn es keinen Psychologen, keinen Guru und keinen Gott mehr gibt, der uns helfen könnte? Was geschieht, wenn es für unser Problem keine Lösung gibt, wenn es keine Erleuchtung gibt und ein Ende unserer Sorgen nicht in Sicht ist? Was geschieht, wenn da bloß noch Leere ist und nichts, um sie zu füllen? Unsere Welt, unser Leben, unsere Beziehungen brechen zusammen. Wir brechen zusammen.

Der Zusammenbruch unserer Identität und die Unmöglichkeit, diesem Zusammenbruch zu entgehen, sind ein Ende und ein Anfang zugleich. Durch diese «dunkle Nacht der Seele» führt kein Weg, sie ist weder Anlass noch Erleuchtung.

Die dunkle Nacht der Seele befindet sich weder in der Zeit noch außerhalb von ihr. Hier geht es nicht mehr um uns und auch nicht darum, ein anderer zu werden. Die dunkle Nacht der Seele ist ohne Ursache und sie rührt von nirgendwo her.

Keiner kann uns in sie hineinbringen, noch durch sie hindurchführen. Wir können sie nicht erschaffen, noch vermögen wir ihre Dauer zu verkürzen oder ihr ein Ende zu bereiten. Sie dauert einen Augenblick – ein Leben lang.

Jetzt, wo wir uns zurückgenommen haben bis auf ein Nichts, vermag sich dieses Nichts Gehör zu verschaffen. Der Ausdruck von Nichts ist Liebe. Liebe kennt keinen Ursprung und kein Ziel. Sie war immer schon da.

Nichts tun

Die Vorstellung zu meditieren mag uns aus vielerlei Gründen als verlockend erscheinen.

Vielleicht wollen wir meditieren, weil wir von Neurosen überflutet werden, weil uns eine Flut von Gedanken bedrückt, weil wir unter dem Druck von Angst und Stress stehen.

Vielleicht lebt in uns der Hauch einer süßen Erinnerung an einen Zustand der Ruhe, an eine Verfassung, zu der wir keinen Zugang mehr finden.

Es mag uns ein Bedürfnis nach Kontrolle umtreiben. Meditation kann Teil eines allgemeinen Strebens nach Macht sein.

Verzweiflung, Depression, tragische Ereignisse und der Tod mögen in uns ein Bedürfnis nach Meditation hervorbringen. So streben wir danach, Gott zu finden.

Alle diese Beweggründe zur Meditation führen dazu, dass wir etwas suchen.

Ein grundlegendes Gewinnstreben und eine Unzufriedenheit mit dem, wo wir sind und was wir sind, sind die Faktoren, welche uns zur Meditation führen.

Unter diesen Vorzeichen darf es uns nicht überraschen, dass Meditation zu einer Jagd nach Erfahrungen wird. Der Geist, der mit dem Leben nicht zufrieden ist, der unzufrieden ist mit sich selbst, sucht nach etwas, das anders ist.

Da sind Zustände der Verzückung, des Friedens und der Liebe. Hinter denen ist der Verstand her. Er sucht nach einem Zustand, der anders ist, besser und ganzheitlicher als er selbst.

Doch das Revier, in dem der Geist nach dem anderen jagt, ist der Geist selbst.

Da er stets nur sich selber zu begegnen vermag, sucht der Geist des Meditierenden nach bedeutungsvollen Dingen. So lassen sich Erfahrungen sammeln von Geisteszuständen, von Begegnungen mit Göttern und Dämonen. Daraus entstehen Berichte, es werden Erklärungen formuliert und Anleitungen abgegeben. Das ist der Stoff, aus dem Philosophien und Religionen gemacht sind. Durch sie wird Meditation gestaltet und geregelt. Die Suche bekommt im Erreichen bereits beschriebener Erfahrungen ein festgesetztes Ziel.

So verkriecht sich der Geist in sich selber. Er entdeckt eine Wahrheit, die er im voraus selber bestimmte. Kurzum, der Geist dreht sich um sich selbst.

Wenn wir angewiesen werden, still zu sitzen, die Augen zu schließen und das weiße Licht zu suchen, so werden wir jenes weiße Licht hervorbringen. Oder Buddha, Shiva, Jesus.

Zweifellos ist das eine interessante Sache. Man kann sich darin schulen oder sich darauf programmieren, in der Meditation bestimmte Phänomene zu erfahren.

In der Meditation Gott zu begegnen, muss wohl eine erfreuliche Sache sein. Doch woher kommt dieser Gott? Ist er nicht Projektion dieses einen menschlichen Geistes, der in sich selbst tief gespalten ist? Ist dieser Gott, der Erhabene und Mitfühlende, nicht letztlich ein Ausdruck von innerer Zerrissenheit? Wenn wir ein solches Lichtwesen erschaffen, gehen wir dann nicht davon aus, dass wir selber im Schatten stehen, da wir vom Lichtwesen doch verschieden sind? Sind wir nicht nach wie vor gespalten?

Das Wort «Liebe» ist nicht die Liebe, das Wort «Gott» ist nicht Gott. Begreifen wir, dass die Wörter «Liebe» und «Gott» aufgrund ihres Wesens etwas Zweites erschaffen, mithin eine Trennung bewirken? Sobald diese Trennung im Unterbewusstsein existiert, gibt es ein «Ich», das nach «Liebe» sucht und nach «Gott», diese aber nie richtig haben kann. Einzig nach der Auflösung dieser Vorstellung, dass es da so etwas gäbe wie «Liebe» und davon abgetrennt so etwas wie ein «Ich», lässt sich wirkliche Liebe finden. Und das ist dann nicht mehr «Liebe», wie sie sich durch ein Wort ausdrücken lässt. Sie findet ihren Ausdruck durch Stille.

Oft wird die Frage gestellt: «Wie aber nähern wir uns dem denkenden Geist?» Auf diese Frage gibt es keine Antwort.

Aus der Sicht des Fragenden sind wir der denkende Geist. Zum Versuch einer Annäherung besteht kein Anlass, denn dort sind wir bereits.

Oft wird die Frage gestellt: «Wir gelangen wir über den Geist hinaus?» Diese Frage geht davon aus, dass, wenn es uns dereinst gelänge «darüber hinauszukommen», wir weiterhin als Beobachter vorhanden wären. Über den Geist hinaus meint, über den Fragenden hinauszugelangen. Wer oder was verbliebe da noch, um zu beobachten?

Womöglich ist die Frage nach der Annäherung an den Geist und die Frage, wie über den Geist hinauszugelangen sei, ein und dieselbe Frage.

Schließlich sind Geist und Denken das, was unseren Alltag ausmacht. Sie umfassen unsere Gedanken, unsere Gefühle, unsere Ideen, Beweggründe, Absichten, Ängste, Sinnesreize und Träume. Der denkende Geist ist dieses scheinbar komplexe und verflochtene Gedankenknäuel, das wir «Ich» nennen. Wir finden dieses «Ich» eingebettet in einem physischen Körper, und unser Dasein dreht sich um Schutz und Unterhalt dieser Verbindung von «Ich» und Körper.

Auf Grund gesellschaftlicher Übereinkünfte, die von den Eltern an die Kinder weitergegeben werden, vom Lehrer an die Schüler, von der Regierung an die Bürger und vom Pfarrer an die Gemeinde, gewinnen die Gedanken an Tiefe und Weite und erhalten dadurch den Anschein, etwas Substanzhaftes zu sein.

Das Vererbung der genetischen Substanz von einer Generation zur nächsten ist auch ein Weiterreichen von Gedanken und Erinnerungen. Das sind die Informationen, die uns als Einzelne und als Gesellschaft prägen und bestimmen.

Wir führen nicht das Leben von einzigartigen Menschen, die fortwährend Neues entdecken. Vielmehr besteht unser Leben aus dem Abklatsch von Ansichten, die an uns vererbt worden sind.

Die tiefst sitzende Prägung ist die des «Ich bin», die grundlegende Überzeugung, bei sich selber in der Mitte zu sein. Es ist die Vorstellung, dass es da eine Instanz gebe, die Gedanken produziere und als feste Größe irgendwie in unserem Körper stecke. Es ist die Illusion, wir seien einem bestimmten Ort zuzuschreiben.

In der Quantenphysik stimmen die Forscher darin überein, dass die Elemente der subatomaren Welt als untrennbare Quanten existieren. Quanten kennen keinen bestimmten Ort und sie sind nicht voneinander abgeschnitten. Sind sie einmal zueinander in Kontakt getreten, so bleiben sie in Verbindung. Diese Verbindung besteht unabhängig von räumlicher Distanz, da sich die verbindende Kraft nicht durch den Raum bewegt. So betrachtet, sind Nähe und Distanz ein und dasselbe.

Obschon sich das nicht unbesehen als Modell des Bewusstseins übernehmen lässt, mag es doch als Fingerzeig dafür dienen, wie sehr unser oberflächliches Verständnis von Ort, Autonomie und Getrenntsein in die Irre führt.

Und doch steckt die Auffassung, dass wir abgetrennt von den anderen an einem bestimmten Ort leben, so tief in der kollektiven Seele des Menschen, dass wir sie als Grundlage unserer Wirklichkeit akzeptieren. Wer den Versuch unternommen hat, seinen Geist zu sammeln, ihn zu beruhigen oder ganz einfach bloß ruhig dazusitzen, der weiß aus eigener Erfahrung, dass es in ihm keinen Denker gibt, der irgendetwas unter Kontrolle hätte.

Dass es einen solchen Denker in uns überhaupt gibt, wird jede Nacht in Frage gestellt, wenn wir einschlafen und uns in einer markant anderen Wirklichkeit wieder finden. Oft erwachen wir aus dieser Wirklichkeit mit einem Gefühl, in den Körper zurückzukehren. Eigentlich ist es höchst verwunderlich, dass wir die Vorstellung haben, bei diesem «Ich» handle es sich um etwas Festes, Verlässliches. Und doch ist es so.

Wie aber sollen wir erkennen, wer wir jenseits aller Prägung sind? Jede Annäherung an uns selbst geschieht von uns selbst aus und ist den entsprechenden Bedingungen unterworfen. Damit stecken wir in einem hoffnungslosen Dilemma. Es gibt nichts, was wir dagegen tun könnten.

Können wir denn nichts tun? Ein schlichtes Ding, dieses Nichts. Darin steckt tief greifende Stille.

Versuchen wir es und sehen wir, was dabei herauskommt. Gerade jetzt. Halten wir inne und tun nichts.

Nun erweist sich dieses Nichts als ein Bereich von überraschender Aktivität. Dennoch vermag es uns zu enthüllen, wer wir sind. Im Widerstand gegen das Nichtstun, in der Angst vor dem Nichtssein beginnen wir, den Umfang des Selbst zu erkunden.

Was geschieht mit uns, wenn wir eine Woche lang in einem Zimmer sitzen und nichts tun? Müssen wir sterben? Werden wir verrückt? Warum löst so etwas wie nichts tun eine solche Angst in uns aus?

Nichts tun entwirft von dem, der tut, einen zuverlässigen Umriss. Wenn wir uns dem Geist annähern wollen, so ist nichts tun der direkteste Weg. Wenn wir jenseits des Geistes gelangen wollen erst recht. Tun wir also nichts.

Was beim Nichtstun vielleicht am deutlichsten hervortritt, ist die Tatsache, dass das Denken in einem Maße weitergeht, als ob wir unverdrossen am Tun wären. Es ist ein Witz. Da ist kein Schalter, mit dem sich das Denken an- oder ausmachen ließe. Mit großer Gewissheit haben wir uns für die Urheber all dieser Gedanken gehalten, doch die Gedanken scheinen ihre eigene Quelle zu haben.

Und wenn die Gedanken ihre eigene Quelle haben, wer ist dann der Denkende? Wichtiger noch: Wo steckt dieser Denkende, wo steckt dieses «Ich»?

Das Faszinierende dabei ist, dass wir den Denkenden nicht finden können. Die Gedanken kommen und gehen. Mit ihnen kommen und gehen Gefühle, Bilder, Pläne, Träume, Ängste und auch noch Kommentare zu vorhergegangenen Gedanken. Doch es gelingt uns nicht, irgendwo in diesem Nichts einen Denker auszumachen. Alles bloß Gedanken.

Der Körper wird sich melden und weh tun, wenn wir bloß dasitzen und nichts tun. So fließt die Aufmerksamkeit vom Denken weg hin zum Körper. Mit einem Mal scheint dieser dichte Bereich der Urheber des Denkens zu sein, nach dem wir gesucht haben. Der Körper ist das «Ich».

Betrachten wir das genauer. Ist der Körper auf irgendeine Weise beständiger als die Gedanken, mit denen wir uns eben beschäftigt haben? Dieses Jucken und die Schmerzen des Körpers, das, was auftritt, selbst wenn wir nichts tun, scheint sich von alleine einzustellen. Diese Empfindungen kommen und gehen, ganz ähnlich wie die Gedanken.

Erkunden wir also den Körper nach seiner Mitte, nach dem Ort, wo das «Ich» in ihm wohnt. Wo stecken wir, wenn wir die Welt um uns herum wahrnehmen? Wo sind wir gerade jetzt?

Wird diese Frage gestellt, ereignet sich etwas Interessantes. Achten wir darauf, wo genau in uns wir diese Mitte orten. Und, wenn wir sie einmal gefunden haben, wenn wir wissen, wo im Körper wir «sind» – von wo aus betrachten wir nun diesen Ort in unserem Körper? Und von wo aus beobachten wir wiederum jenen Punkt der Beobachtung? Lässt sich auf diese Weise irgendetwas Festes und Beständiges feststellen? Wo steckt der Denker, der Beobachter oder Täter?

Unsere gesamte Wirklichkeit beruht auf der Annahme eines «Ich», das sich in unserem Körper befindet. Es ist nun wohl an der Zeit, sich mit diesem «Ich» näher zu beschäftigen.

Konzentration, Meditation und Raum

Was ist das Wesen von Meditation, wenn wir sie mit Hilfe bestimmter Techniken betreiben?

Durch die Anwendung von Meditationstechniken gelingt es, die Aktivität des Geistes zu richten. Ein konzentrierter Geist bündelt die Aufmerksamkeit auf ein Bild, einen Klang oder einen Gedanken.

Solche Bemühungen sind von bescheidenem Wert. Wenn es darum geht, höchste Wahrheit zu entdecken, kommt es auf eine Konzentration des Geistes nicht an.

Indem wir den Geist wieder und wieder zum Objekt der Konzentration zurückführen, gelingt es, ihn zu beruhigen. Wir führen den Geist zurück zum Atem, zurück zum Mantra oder zurück zu einem inneren Bild. Nun beschäftigt sich unser Geist nur noch mit dem Atem, nur noch mit dem Mantra, nur noch mit dem inneren Bild.

Das ist nicht Stille, sondern Abstumpfung. Wir sind zwar konzentriert, doch wir haben unsere Empfindsamkeit verloren. Wir richten uns dazu ab, teilnahmslos zu werden, wir hypnotisieren uns selbst und lullen uns in Schlaf, noch bevor wir erwacht sind.

Wonach streben wir mit der Übung der Konzentration? Wovon entfernen wir uns? Was ist die Ursache unserer alltäglichen Zerstreuung, mit der wir leben und der wir etwas entgegensetzen wollen, indem wir uns so verzweifelt bemühen, uns zu konzentrieren?

Der Kern der Persönlichkeit bleibt vom konzentrierten Geist unangetastet. Das «Ich» ist nun konzentriert und verdichtet. Wenn sich überhaupt etwas verändert hat, so ist das «Ich» zusätzlich befestigt und gestärkt worden.

Das Problem unseres Lebens liegt nicht darin, ob wir einen konzentrierten Geist haben oder nicht. Es geht um die Lösung der Frage, wer oder was aktiv ist, wenn wir denken.

Durch die Anwendung von Meditationstechniken ist es auch möglich, einen Geist zu kultivieren, der befreit ist von offenkundigem Denken, der glückselig in einem veränderten Bewusstseinszustand ruht. Doch ist ein solcher Geist frei von Zerrissenheit und Auseinandersetzung? Verschafft uns eine Neustrukturierung des Geistes, die wir durch Repetition, Reizentzug oder andere geisttötende Methoden erreichen, die wahre Freiheit?

Wie ist es um ein Wesen bestellt, das so verzweifelt nach Veränderung strebt? Wir versuchen, etwas anderes zu sein, als wir sind. Worin liegt der erstrebte Zustand? Ist er neu oder entspricht dieser Zustand, den wir erlangen wollen, einer Beschreibung, die uns nahe gelegt wurde und von der man uns glauben gemacht hat, sie sei erstrebenswert?

Unsere grundlegende Unzufriedenheit projiziert ihr eigenes Spiegelbild. So erschaffen wir uns eine Art von Alter Ego, ein Bild von uns selber, das wir erreichen wollen. Der in sich zerrissene, neurotische menschliche Geist entwirft ein Bild seiner selbst voller Konzentration und gebündelter Kraft.

Zwanghaft sitzen wir, um uns zu konzentrieren. Stolz berichten wir anderen von dem, was wir in der inneren Arbeit geleistet haben. Das bisschen, das wir durch einen konzentrierten Geist erlangen, verwenden wir, um andere damit zu beeindrucken. Damit verschaffen wir uns Beachtung und Sicherheit. Der Geist ist konzentriert, doch die tiefer liegende Neurose hat sich bloß noch ausgeweitet.

Je weiter man so die Umstrukturierung des Geistes betreibt, desto weiter dehnen sich Neurosen und Wahnvorstellungen aus. Selbst einen Gott vermögen wir zu erschaffen und uns selber können wir an ihn verlieren. Doch dieser Gott ist das Selbst, der Geist, das «Ich», und Frieden gibt es damit nicht.

Die Methoden, welche wir verwenden, um den Geist zu verändern oder ihn zu konzentrieren, sind ungeeignet bei der Suche nach dem, was jenseits des Selbst liegt. Sie mögen von Nutzen sein beim Erforschen der Gedanken, beim Umgang mit Fragen psychologischer Natur und wohl auch im Umgang mit Symptomen von körperlichen Leiden. Doch das Selbst über sich hinauszuführen, das vermögen sie nicht.

Wie steht es mit der Meditation, wenn sie keiner Methode folgt?

Gelingt es uns, die Aufmerksamkeit jedem beliebigen Augenblick zuzuwenden, gleichviel, was der Augenblick für uns bereithält? Das ist das Kultivieren einer Aufmerksamkeit, die fortwährend in den gegenwärtigen Augenblick führt, bis hin zu dem Punkt, von dem aus sie zu beständiger Achtsamkeit wird. Diese Achtsamkeit ohne Kommentar, Unterscheidung oder Beurteilung wird in mancher spirituellen Praxis als Ziel aller Übungen gelehrt. In Tat und Wahrheit handelt es sich aber auch hierbei um einen bestimmten Bewusstseinszustand, um eine Haltung und einen Standpunkt, die einen Beobachter erfordern, der «bewusst» ist. Und dieser Beobachter steht eigentlich mit nichts wirklich in Verbindung.

Der Zustand offenkundiger Achtsamkeit ist eine Art virtuelle Wirklichkeit. Diese Realität wird in einem Denken erschaffen, das sich dem anzunähern versucht, was es sich als reines Bewusstsein vorstellt. Wenn wir viel Zeit darauf verwenden, in kahlen Räumen zu sitzen und «achtsam zu sein», tritt eine zombiehafte Qualität zu Tage. Diese Art von Achtsamkeit ist meist abhängig von einer Umgebung, die ruhig gestellt ist oder auf andere Weise unter Kontrolle gehalten wird. Sie lässt das vermissen, was wir mit dem Begriff Intelligenz umschreiben könnten. Die Abwesenheit von Intelligenz verunmöglicht, dass diese so genannte Achtsamkeit sich verändert und sie sich den fortwährend neuen Umständen des Lebens anpasst. Solche Achtsamkeit stellt sich nur auf die stets gleiche Weise ein; sie ist abgehoben, distanziert und mit der Welt nicht verbunden.

Da eine solche Kultivierung von Achtsamkeit sich in einem bestimmten Kontext abspielt – es braucht dazu einen Lehrer oder eine spirituelle Richtung, einen meditativen oder religiösen Rahmen –, wird die Achtsamkeit von diesem Kontext geprägt.

Viele fühlen sich durch Verfahren der Kultivierung von Achtsamkeit oder auch durch «Verfahren ohne Verfahren» angesprochen, weil sie vom Leben überfordert sind. Das heißt, sie haben sich als unfähig erwiesen, das Leben unter Kontrolle zu bringen, und nun wollen sie dazu auf Distanz gehen.

Das Problem liegt beim Betrachter, bei dem, der achtsam ist, und nicht etwa bei den Objekten, die betrachtet werden. Unser Leben *ist* außer Kontrolle. Was geschieht, wenn wir uns vor dieser Tatsache nicht länger verschließen?

Es ist von größter Bedeutung, dass wir zum Chaos unseres Seins und unseres Denkens in Verbindung stehen. Erst wenn es nichts mehr gibt, das diesen Kontakt in irgendeiner Weise abfedert, wird die Welt für uns zu einem Ganzen. Ist dieser Kontakt einmal hergestellt, ereignet sich bloß noch eines.

Der Schritt in die Ganzheit verändert uns, er ist Ausdruck eines Wandels.

Achtsamkeit ist nicht das Ergebnis von irgendetwas. Achtsamkeit hat keine Ursache und wir können nichts tun, um sie herzustellen.

Wir haben gesehen, wie beschränkt in der Meditation der Nutzen von Techniken und Nichttechniken ist.

Wenn wir Meditation und Meditationstechniken beiseite lassen, was bleibt dann?

Gedanken kommen und gehen. Achtsamkeit ist da. Der Denkende handelt nicht. Ohne Absicht sitzend, mögen wir in den Bereich eintreten, der zwischen den Gedanken liegt, und dort mögen wir unserer wahren Natur innewerden.

Das Denken mag versuchen, diesen Raum zu beschreiben. Doch das kann nicht gelingen. In diesem Raum sind keine Gedanken und daher gibt es darin auch kein «Ich». Willentlich vermögen wir uns diesem Raum nicht zu nähern. Es gibt keine Technik, keine Philosophie, keine Anleitung oder Religion, die uns dabei helfen könnte, Stille zu erfahren. Und was wir an Hilfsmitteln erwerben, wird uns schließlich in den Weg kommen. Denn wer sucht, steht sich selber im Weg.

Und dennoch steht uns auch nichts im Weg. Obschon das «Ich» von sich selber meint, etwas Substanzielles, Festes und Dauerhaftes zu sein, ist ein solches «Ich» in Tat und Wahrheit nirgends zu finden. Es gibt nichts, das die Stille stören würde, und es gibt nichts, das wir unternehmen könnten, um die Stille zu finden. Sie ist bereits da. Sie wartet darauf, dass wir aufhören, nach ihr zu suchen.

So viel Energie wird gebunden durch suchen und danach haschen. Geben wir das doch einfach auf.

Die Natur des Denkens

Denken ist das, was sich vor dem Hintergrund der Stille auf dem Feld des Bewusstseins ereignet. Gedanken können die Form annehmen von dem, was wir Gefühle nennen. Oder sie zeigen sich in der Gestalt von Ideen und Vorstellungen, seien diese holografischer oder seien sie symbolischer Natur. Unser Denken hat die Kraft, Vergangenheit und Zukunft hervorzubringen.

Ohne Objekt und Subjekt fehlt dem Denken die Form. Auch ohne Zeit haben Gedanken keine Form. Eine direkte, unmittelbare Erfahrung zu machen, bleibt dem Denken verwehrt, ebenso wenig vermag es seiner selbst bewusst zu werden.

Das Denken erzeugt und ist die Wirklichkeit. Ohne Denken gibt es keine Wirklichkeit. Doch die gedachte Wirklichkeit ist nicht eigentlich, sie ist weder greifbar noch sonstwie substanziell.

Was ungetrennt ist, erscheint in unserem Denken als getrennt. Das Denken teilt auf und unterscheidet dieses und jenes.

Das Denken vermag Einheit nicht zu erfassen, denn stets gibt es etwas, das außerhalb seiner Auffassung liegt.

Die Einheit jedoch umfasst das Denken, denn die Einheit umfasst alles und jedes.

Denken setzt jemand voraus, der denkt. Der Denkende hat Gedanken. Gedanken mögen betrachtet werden, doch der Denkende lässt sich außerhalb des Denkens nicht betrachten.

Denken schnürt ein und zieht Grenzen. Bewusstsein ist grenzenlos. Denken erfordert Bewusstsein. Doch das Bewusstsein ist auf das Denken nicht angewiesen.

Sprache und Wirklichkeit

In all den Jahren ihres jungen Lebens hatte Sally noch nicht ein einziges Wort gesprochen. Ihre Mutter hatte sämtliche Spezialisten konsultiert, doch keiner vermochte Sally zu helfen.

Als sie eines Morgens beim Frühstück saß, schmiss Sally ihren Toast zu Boden und schrie: «Der Toast ist verbrannt. Sowas ess ich nicht!»

Sallys Mutter war überwältigt.

«Sally, du sprichst ja!», sagte sie. «Warum hast du in all den Jahren nie etwas gesagt?»

Worauf Sally erklärte: «Bis heute Morgen war ja auch alles in Ordnung.»

Wer unser Denken und unsere Wirklichkeit verstehen will, muss das Wesen der menschlichen Sprache verstehen.

Wenn wir uns vor Augen halten, was für Wesen wir sind, beschreiben wir zugleich die Art, wie wir betrachten. Um in der Welt zurechtzukommen, versehen wir die Dinge um uns mit Namen. Kinder eignen sich mit den ersten Lernschritten an, dass es einen Unterschied gibt zwischen «Mein» und «Dein», also «Nichtmein». Der Gebrauch der Sprache und damit das Benennen erlauben uns, verschiedene Objekte, Tätigkeiten und Eigenschaften in der Welt zu unterscheiden. Dieses Unterscheiden und Aufteilen ist die Grundlage für das Funktionieren unseres Verstandes; entsprechend ist es die Grundlage für unser offenkundiges Handeln in der Welt. Allerdings ist es nicht die Grundlage von wahrem Verstand.

Was beim Erlernen der Unterscheidungen auf der Strecke bleibt, ist die tiefer liegende Einheit, der das gesamte Reich der Namen und Objekte entspringt. Sowie sich um ein «Ich» eine Mitte bildet, die sich verfestigt, und sowie dieses «Ich» die Welt, welche außerhalb seiner selbst zu liegen scheint, untersucht und mit dem Mittel der Sprache begreift, geht die eigentliche Wirklichkeit der ununterschiedenen, vorsprachlichen Natur des Lebens verloren.

Ursprünglich war Sprache eine Darstellungsform für einen Teilbereich des Ganzen. Doch sie hat sich verfestigt zu einer eigenen Form von Wirklichkeit. Sowie sich Sprache verfeinert, wird sie nicht mehr bloß dazu verwendet, «unmittelbar wirkliche» Objekte zu benennen, sondern auch zur Beschreibung von Beziehungen der Objekte untereinander.

Wir mögen zwar einem vorsprachlichen Zustand entstammen, doch bald erlernen wir den Unterschied zwischen «Baum» und «Haus». Wir lernen auch zu unterscheiden zwischen einem «großen Haus» und einem «kleinen Haus» und wir lernen, dass ein Unterschied besteht zwischen «deinem großen Haus» und «meinem kleinen Haus».

Irgendwo im Verlauf dieser Entwicklung lösen sich Sprache und Konzept vom konkret fassbaren, am Objekt orientierten Wort und wechseln auf eine abstrakte Ebene. Jetzt «wollen wir dein großes Haus», denn wir «mögen unser kleines Haus nicht». Mit dem kleinen Haus haben wir ein «Problem». «Zufrieden» werden wir erst mit dem großen Haus sein. Sprache liefert die Beschreibung für alle diese Objekte und Beziehungen. Wir vergessen, dass es sich hierbei bloß um Sprache, Wörter und Gedanken handelt. Wo liegt denn hier eigentlich das «Problem»?

Wir haben jene Ruhe verloren, die der ununterschiedenen Welt des vorsprachlichen Zustandes noch eigen war.

Mit dem Spracherwerb einher geht das Erlernen der Beziehung zwischen «Ich» und «Objekt». Es gibt nichts, das benannt wird, ohne jemand, der ihm einen Namen verleiht. Es gibt aber auch keinen, der benennt, ohne dass etwas benannt würde. So wächst die Sprache und von der Wirklichkeit, welche sie hervorbringt, werden wir verschlungen.

Die Identifikation mit der Beziehung zwischen «Ich» und «Objekt» ist die Grundlage unserer Wirklichkeit und sie ist der Grund für unseren Schmerz. Wir mögen uns verzehren nach der Ganzheit, die wir erfahren hatten, bevor wir uns auf die Sprache einließen. Doch in der Welt, die wir uns mit Sprache erschaffen haben, vermögen wir die Ganzheit nicht zu finden. Wir können uns der Einheit mit Hilfe der Sprache höchstens noch annähern. Eher stürzen wir uns auf immer neue Wörter, als dass wir uns daran machen würden, die einst zugeschüttete Ganzheit der vorsprachlichen Welt freizulegen.

Wir formulieren ausgeklügelte neue Beschreibungen von Einheit, wir erschaffen symbolische Ausdrucksformen für Einheit und wir legen archetypische Symbole frei, welche auf Einheit hindeuten. Wir erschaffen Psychologie, Philosophie und Religion. Da wir uns bei dieser Suche nach wie vor im Bereich der Sprache bewegen und wir somit nicht über die «Ich-Objekt-Struktur» hinauskommen, bleibt uns die vielbeschworene Ganzheit fern.

Wir stehen vor einem unlösbaren Widerspruch: Wie soll die Suche nach Erkenntnis je über sich selbst hinaus gelangen? Nun begreifen wir, dass es die Suche selbst ist, die dem Erfassen der Ganzheit im Wege steht, liegt es doch in der Natur der Suche, dass sie die Welt zerteilt.

Ziehen wir uns hingegen in eine vorsprachliche Welt zurück, so vermögen wir uns der Wirklichkeit der «Ich-Objekt-Beziehung» zu entziehen. Die Einheit, die wir so erfahren, ist jedoch bloß eine scheinbare, denn wir fürchten uns vor der Welt der vielen Dinge und Namen und verschließen uns vor ihr. Also erschaffen wir uns eine subjektive Welt, in der es keine Objekte mehr gibt. Wir handeln nicht mehr. Wir leben zurückgezogen und werden autistisch. Ein Verleugnen der Welt der vielen Dinge und Namen hilft nicht weiter, denn ohne diese

Form der Wirklichkeit kann es eine Integration nicht geben.

Wir können uns mit dieser Frage nur im Rahmen der objektiven Wirklichkeit beschäftigen. Indem wir uns der Wirklichkeit entziehen, beschneiden wir unsere Freiheit durch Beziehungsarmut und Angst vor Berührung. Wirklich leben können wir in dieser bedingten Welt nur, wenn in uns eine Intelligenz wirkt, welche die Trennungen überwindet. Diese Intelligenz muss das Wesen und die Begrenztheit der bedingten «Ich-Objekt-Beziehung» anerkennen und sie muss gleichzeitig mit jener tiefer liegenden Einheit vertraut sein, die deren Ursprung ist.

Die Verbindung der subjektiven mit der objektiven Welt umfasst die Ganzheit des Lebens, eines Lebens, mit dem wir verschmolzen sind. Ohne die Beschränktheit eines Wahrnehmenden dehnt sich die Wahrnehmung aus bis ins Grenzenlose. Einen Wahrnehmenden gibt es nur in der bedingten Wirklichkeit, die Wahrnehmung jedoch ereignet sich in der Einheit.

Religion, Symbole und Macht

Klein Jimmy war am Zeichnen. Seine Mutter wurde darauf aufmerksam und fragte ihn: «Jimmy, was zeichnest du?»

Ohne aufzublicken entgegnete der Junge: «Ich mache ein Bild von Gott.»

«Aber Jimmy», sagte seine Mutter, «es weiß doch keiner, wie Gott aussieht.»

«Warte bloß, bis ich fertig bin.»

Was sich unserem Denken entzieht, die Stille, hat keine Sprache und bleibt uns unbekannt. Was wir nicht verstehen, nicht erklären und also nicht kontrollieren können, haben wir Menschen nie besonders gemocht.

Aus diesem Dilemma heraus sind die Religionen entstanden.

Mit Religion wurde stets das Unbekannte in Begriffe gefasst, die sich erlernen lassen. Für Unerklärliches wurden Symbole beigebracht. Die religiöse Symbolik steckt so tief in unserem Denken, in unserer Kultur und in unserer Auffassung vom Wesen des Universums, dass sie innerhalb der religiösen Paradigmen nur selten in Frage gestellt wird. Erst für den, der sie von außerhalb ihrer Paradigmen betrachtet, verliert die Bilderwelt der Religionen ihre zwingende Kraft und ihre unterschwellige Bedeutung.

Für Christen ist es unmöglich, Gott in einem Abbild von Kali zu erkennen. Diese hinduistische Göttin hat von Blut triefende Klauen, um den Hals trägt sie eine Schädelkette und sie tanzt auf einem Leichnam. Hindus hingegen ist es nicht möglich, Gott im Abbild eines Mannes zu erkennen, der im Todeskampf blutend an einem Kreuz hängt. Wir vermögen Gott bloß zu erkennen, wenn uns dazu die entsprechende Sichtweise beigebracht worden ist. Gott ist ein Symbol, das uns anerzogen wird.

Friedrich Nietzsche stellte die offenkundige Frage: «Wie? Ist der Mensch nur ein Fehlgriff Gottes? Oder Gott nur ein Fehlgriff des Menschen?»

Die wichtigste Funktion der Religionen liegt darin, den Menschen vom Druck der absoluten Todesgewissheit, dass Familie und Freunde, ja wir selbst sterben müssen, zu befreien. Religion stellt in Aussicht, dass wir trotz des Todes in irgendeiner Weise fortbestehen werden. Und – wir müssen bloß daran glauben – das Leben nach dem Tod wird großartig sein.

Die Wiederholung religiöser Rituale beruhigt uns über den Tod in einer Weise, wie kein Trost es vermag. Diese enorme Überzeugungskraft erwächst daraus, dass die religiösen Rituale in einer öffentlichen Gemeinschaft vollzogen werden. Gruppenrituale stärken unser Wohlbefinden, sie verleihen uns ein Gefühl von Verbundenheit und Sicherheit. Doch ist diese Wirkung etwas Reelles und vermag sie uns zu transformieren oder steht sie nicht eher als Metapher für eine tiefer liegende Wirklichkeit, die noch auf uns wartet? Geben wir uns zufrieden mit einer mechanischen, gewohnheitsmäßigen Wiederholung von Ritualen, wo eigentlich authentische mystische Erfahrung das ist, was wir tatsächlich brauchen?

Machen Rituale und Religion süchtig? Sind wir von der Todesangst befreit, haben wir sie erkannt oder haben wir sie bloß verschleiert? Wir müssen weiter gehen, über blind ausgeführte Rituale hinaus, wenn wir die Todesangst tatsächlich ablegen wollen.

Im Verlaufe der Zeiten ist den Religionen ein weiterer Aufgabenbereich zugefallen: die Kontrolle einer Gesellschaft und deren Verhalten. Weil die religiöse Symbolik derart tief greift, kommt den Religionen in diesem Bereich eine enorme Macht zu.

Wenn Gebote zum rechten Lebenswandel erlassen werden, mag die Ausbildung eines religiösen Gewissens in einer Gesellschaft den Ausdruck primitiven und destruktiven Verhaltens zurückbinden. Doch hierin liegt nicht das Problem.

Das Problem, das uns aus dem religiösen Gewissen erwächst, ist die Aufteilung der Welt. Auf der einen Seite sind die Triebe, Wünsche und Aggressionen, und dem gegenüber steht ein Verhalten, wie es auf Grund einer religiösen Lehre als erstrebenswert gilt. Über das Schuldbewusstsein diktiert das religiöse Gewissen unser Verhalten. Der Kulturkritiker H. L. Mencken hat vom Gewissen gesprochen als einer «inneren Stimme, die uns davor warnt, es könnte uns einer zusehen».

Wir haben uns selbst aufgespalten: Die «gute» Person ist unser religiöses Verhalten, das sich in der Öffentlichkeit zeigen lässt. Die «schlechte» Person muss sich versteckt halten und nur verstohlen wagt sie es, sich zu zeigen.

Eine äußerlich sichtbare Frucht des religiösen Gewissens und des entsprechenden Verhaltens erkennen wir im Streit der Religionen untereinander. Wenn religiöses Verhalten schließlich im Ausdruck von moralischer Rechtschaffenheit liegt, können andere Formen von Religion bestenfalls nur Verirrungen sein. Schlimmstenfalls erwachsen aus den Differenzen zwischen den Religionen die Gründe für Bigotterie, Gewalt und Krieg.

Die moralische Kraft religiöser Bekenntnisse schlägt uns in ihren Bann, weil uns hier mit soviel paternalistischer Gewissheit gesagt wird, wie wir uns zu verhalten haben. Die Gewissheit darüber, was zu tun ist, bringt auch die Gewissheit mit sich, was zu unterlassen ist.

Einander gegenübergestellt, kann die absolute Gewissheit, die in zwei verschiedenen Religionen herrscht, nur zu Streit führen. Einer von beiden muss im Unrecht sein und dieser eine ist stets der andere.

Die amerikanischen Quäker haben in ihrer unnachahmlich geradlinigen, schlichten Art hierfür einen guten Satz gefunden: «Die ganze Welt ist verrückt, außer ich und du. Und manchmal denke ich, eigentlich bist auch du nicht ganz bei Trost.»

Die Kontrolle über eine Gesellschaft durch die Steuerung ihres Verhaltens ist das Mittel, mit dem Religionen ihre Macht ausüben. Und, wie das mit Macht eben so ist, gibt es eine Kaste, welche über die Macht verfügt: die Priesterschaft.

Die Priester sind die Ausleger der Gesetze, sie sind die Vertreter Gottes auf Erden. Sie sprechen im Namen der Stille und von da aus beginnt die Verwirrung. Denn die Stille braucht keinen, der in ihrem Namen spricht.

Es liegt in der Natur von Religionen, dass durch sie die Welt stets gespalten wird. Dass im Namen von Religionen Kriege ausgetragen wurden und werden, ist ein abstoßender Witz. Uns im Westen hat die Religion das Konzept beschert von Sünde und Hölle, im Osten sorgten Religionen für das Hinnehmen von Armut und Ungerechtigkeit. Als eine Grundlage von menschlicher Kultur wirkt Religion durch die Kraft der Spaltung.

Und doch ist Religion Ausdruck von etwas Bedeutendem, das uns allen eigen ist. Sie ist der exoterische Ausdruck einer Kraft, die in uns verborgen liegt. Doch was sie von dieser Kraft erahnen lässt, ist bloß deren Anfang.

Warum suchen wir uns zu trösten mit äußerem Wissen, ohne nach der erhabenen Verwirklichung im Inneren zu streben? Ohne unmittelbare eigene Erfahrung bleiben die Rituale der Religion der unbewusste Abklatsch eines kollektiven, im Verlauf der Geschichte zurechtgestutzten Wissens. Rituale transportieren dieses Wissen in die Gegenwart. Durch die Rahmenbedingungen einer bestimmten Religion erfahren wir wieder und wieder die Qualitäten, mit denen sie sich im Verlaufe der Geschichte verbunden hat. Diese Wiederholung versorgt uns mit Gefühlen von Zugehörigkeit und Sicherheit.

Die organisierten Formen der exoterischen Religionen haben uns nicht mehr zu bieten als Wiederholungen ihrer historisch erworbenen, ritualisierten Qualitäten – außer wir gehen tiefer.

Ein bedeutender Rabbi starb und hinterließ seinem Sohn die Verpflichtung, sein geistiges Werk fortzuführen.

Der Sohn war auf seine Art ein großartiger Mann, unabhängig vom Vater. Doch dem Beruf eines Rabbi ging er auf völlig andere Weise nach als sein Vater.

Leute, die sich an die Art des Vaters gewöhnt hatten, kamen zum Sohn. Sie beschwerten sich: «Was du tust, ist nicht dasselbe wie dein Vater.»

Der Sohn entgegnete: «Und ob ich das tue. Mein Vater versuchte, nie einen anderen zu kopieren, und ich halte es ebenso.»

Am Anfang einer Religion steht nicht das Ritual, sondern einer, der die Rituale durchbricht und so zu einem unmittelbaren Kontakt mit dem Transzendenten vorstößt. Solche Menschen sind selber keine Anhänger von Religionen. Sie sind Entdecker und leben, was sie gefunden haben. Moses, Jesus, Buddha, Laotse und Mohammed, sie alle haben sich an nichts anderes gehalten als an den Ausdruck ihrer direkten Verbindung zur Unmittelbarkeit des Lebens. Indem wir ihnen folgen, hoffen wir, zu unserer eigenen unmittelbaren Verbindung zum Leben zu finden. Tatsächlich halten wir uns bloß an die Rituale, welche an Stelle der mythischen Figuren geblieben sind, und wir bekräftigen eine religiöse Hierarchie, welche über diese Rituale verfügt.

Ein Mann besteigt einen Zug nach Delhi und setzt sich einem Swami gegenüber. Während der Fahrt ergeht sich der Heilige in allerlei Anrufungen. Er greift in einen Beutel und wirft eine Handvoll Staub in die Luft. Unfähig, seine Neugier länger zu verhehlen, erkundigt sich der Reisende beim Swami nach dessen Treiben.

«Ich beschütze diesen Zug vor Tigern. Was ich hier ausstreue, ist meine Spezialmischung von Tigerstaub», erklärt der Swami.

«Aber», wendet der Reisende ein, «im Umfeld von tausend Meilen gibt es hier doch gar keine Tiger.»

Darauf der Swami: «Da können Sie mal sehen, wie stark mein Tigerstaub wirkt.»

Der interessanteste Aspekt einer Religion ist ihr Ritualwesen. Eine jede Religion stellt in Aussicht, die Anwendung einer vorgegebenen Methode, das Ausführen bestimmter Rituale und das Einhalten von bestimmten Gebräuchen werde einem einen Platz im Himmel sicherstellen, eine Begegnung mit Gott bescheren, die Erleuchtung verschaffen, oder welche Art von Heilsgewissheit die jeweilige Religion gerade in ihrem Programm hat.

Der religiös rituelle Geist ist ein fester Bestandteil der menschlichen Psyche. Religion ist keine Erfindung des Denkens. Sie ist dessen urtümlicher Ausdruck.

Das Denken findet sich einer Größe gegenüber, einer umfassenden Energie, die es weder kontrollieren noch verstehen kann, noch vermag es sie zu begreifen. Ist das einmal eingestanden, wird das Denken verstummen.

Oder aber der menschliche Geist sucht nach Mustern, durch die sich eine Beziehung herstellen lässt zwischen dem vom Denken gesteuerten Verhalten und der Welt, die es umgibt. Das ist der Geist hinter dem Ritual und zugleich die Grundlage für Persönlichkeit und Verhalten. Der religiöse Geist glaubt, mit seinem Handeln die Umgebung beeinflussen zu können.

Die Wahrheit enthüllt sich dem schweigenden Geist. Das Handeln und die Welt, die es zu beeinflussen sucht, sind ein und derselbe Gedanke. Ohne die Illusion eines Denkenden steht der Gedanke schutzlos da. Mit Religion und Ritual ist es dann vorbei.

Die Welt lässt sich nicht aufteilen in Denkender und Gedanke. Das Denken vermag mit rituellen Handlungen die Welt nicht zu beeinflussen. Wenn dieses Konstrukt in sich zusammenbricht, bleibt nichts als die eine Realität und diese wird sichtbar. Dem Denken ist eine unwillkürliche Bewegung eigen, es projiziert eine Person, die denkt, es projiziert Handlungen, eine Welt, die beeinflusst werden soll und einen Gott, dem es zu gehorchen gilt. Das ist die ganze Wirklichkeit. Wirklichkeit ist Denken.

Einem religiös gestimmten Menschen fällt es schwer, den Kern von Religion unverstellt zu betrachten. Wie könnte auch im Bereich des Glaubens die Frage «Was ist Religion?» nüchtern erörtert werden, ohne entsprechende Reaktionen hervorzurufen? Vermag sich Glaube auf diese Frage einzulassen oder hat der Gläubige es nötig, seine Strukturen zu verteidigen und sich der Person des Fragenden zuzuwenden?

Der Glaube, von dem wir hier sprechen, gründet nicht auf Wissen, vielmehr handelt es sich um blinden Glauben. Wenn wir daran glauben, dass die Sonne im Osten aufgeht, so haben wir kein Problem damit, wenn unser Glaube in Frage gestellt wird, denn unser Glaube gründet auf Wahrheit. Doch wenn wir glauben, die Sonne gehe im Westen auf, so bringt ein Infragestellen dieser Aussage auch alles weitere, das darum herum errichtet wurde, ins Wanken. Eine solche Herausforderung seines gesamten Glaubensgebäudes hält der Mensch nicht aus und darum grenzt er sich davon ab, bestreitet und vermeidet sie. Reaktion kennt keine Selbstwahrnehmung. Sie ist sich selbst genug und bedarf keiner weiteren Daseinsberechtigung. Die Reaktion bezeichnet sich selbst als «Glaube» und sagt: «Ich glaube daran, dass die Sonne im Westen aufgeht.»

Ein einziges Mal hinschauen würde genügen. Es würde enthüllen, dass die Sonne nicht im Westen aufgeht. Wie müsste ein Argument beschaffen sein, um die zu erreichen, die glauben, die Sonne gehe im Westen auf?

Vielleicht ist alles, was wir sagen können: «Schau selber. Die Sonne geht auf.»

Unzweifelhaft beweisen lässt sich Glaube nie. Wohl lässt er sich reaktiv verteidigen oder durch Erziehung bestärken. Durch Zwang lässt sich ein Glaube ausbreiten. Doch ob er wahr ist oder falsch, das kann ein Glaube von sich nie wissen. Denn nie würde ein Glaube das Risiko auf sich nehmen, herauszufinden, was er ist, nämlich falsch.

Die ihnen eigene Unsicherheit ist der Grund, warum Religionen so zerstörerisch sind und warum sie im Verlaufe der Geschichte stets bedeutende Herde von Streit und Auseinandersetzung waren.

Einsicht und Vertrauen sind das, was aus einem Glauben erwächst, der die Größe hat, sich selber in Frage zu stellen und seine Inhalte in Frage stellen zu lassen. Wo Glauben durch das Feuer nüchterner Untersuchung geht, werden Unreinheiten verbrannt. Übrig bleiben Einsicht und Vertrauen.

Einsicht und Vertrauen verbergen sich nicht vor Fragen oder Herausforderungen, andere brauchen dazu nicht überzeugt zu werden. Wissendes Vertrauen lässt sich nicht beschränken, es ist der Nährboden, dem die relative Welt des Glaubens entspringt.

Einsicht und Vertrauen sind das, was übrig bleibt, wenn alles, was wegfallen kann, weggefallen ist. Zu was wir auf diese Weise finden, ist nicht ein Glaube an das Göttliche. Wir finden zum Göttlichen selbst.

Gelangen wir dahin, indem wir unseren Glauben in Frage stellen? Das einzige, was wir erreichen werden, wenn wir unseren Glauben in Frage stellen, ist eine große Erschöpfung. Hier geht es nicht darum, einen neuen Glauben zu propagieren, der darauf gründet, andere Formen von Glauben in Frage zu stellen.

Es gibt keinen automatischen Ablauf, keinen Weg von Glaube zu Erkenntnis und Vertrauen in zehn leichten Schritten. Es ist auch nicht der intellektuelle Prozess einer systematischen Untersuchung.

Einsicht und Vertrauen können nicht verloren gehen. Also brauchen wir auch nicht nach ihnen zu suchen.

Die Krise des Wandels

Eine Krise ist Widerstand vor Wandel und Veränderung. Steter Wandel ist das Wesen unseres Daseins. Denken, das sich in einem «Ich» verkörpert, ist statisch; dem Leben vermag es sich immer nur anzunähern. Doch Wandel ist Bewegung; er ist dynamisch und somit eine Bedrohung für die Vorherrschaft des Denkens. Der Wandel widerspricht dem Denken und dessen Mitte, dem «Ich».

Ist es uns möglich, Wandel und Veränderung willkommen zu heißen und zu verstehen, dass sie uns aus dem endlosen Kreisen des Denkens und aus unseren Verhaltensmustern befreien?

Wandel ist der einzig mögliche Ausweg aus dem Selbst. Wenn wir ihn nicht begrüßen und annehmen, erfahren wir das Erwachen unseres wahren Wesens nicht als Veränderung, sondern als Krise. Ohne dieses Annehmen hocken wir auf nichts als Widerstand und Reaktionen.

Die Dominanz des Denkens ist derart mächtig, dass sich um Reaktion und Widerstand herum so etwas wie ein «Ich-Zentrum» bildet. Selbst wenn der Geist nicht mehr länger seine Funktionen erfüllt und die Gesundheit des Körpers zusammenbricht, wird er diese Mitte rund um das «Ich» nicht loslassen.

Auf dem Tiefpunkt des Zusammenbruchs werden wir einen Handel versuchen: Wenn uns gestattet wird zu überleben, wenn wir durchkommen, soll alles anders werden. Wir geloben, uns zu bessern. Wir nehmen uns vor, in Zukunft anständiger und aufrichtiger zu sein.

Dieser Pakt wird nicht mit dem Teufel geschlossen. Wir schließen den Pakt mit uns selber. Wir haben uns diese Krise eingebrockt und wir werden deren Ende aushandeln. Doch wenn es wieder aufwärts geht, werden wir weiterfahren wie zuvor. Wir werden uns nicht ändern, weil wir uns nicht ändern können.

Wir sind eine Kette unbeweglicher, stets wiederholter Gewohnheiten – eine nicht enden wollende Repetition des Gedankens «Ich bin».

Wandel ist Bewegung. Wir sind unbewegt. Wir können uns nicht verändern. Gegen Veränderung können wir uns nur sträuben. Wir sträuben uns vor Angst.

Wir versuchen, unser Leben, unsere Beziehungen, unsere Arbeit und unsere Familien so zu gestalten, dass alles vorhersehbar und kontrollierbar wird. Und fortwährend entdecken wir, dass das unmöglich ist. Dagegen kämpfen wir an, mehr und mehr. Die Feststellung, dass es unmöglich ist, das Leben zu kontrollieren, wird zur wachsenden Dauerkrise.

Dennoch mühen wir uns ab, den Wandel unter Kontrolle zu bekommen. Was bewegt ist und frei, was spontan entsteht und vergeht und unbeständig ist, wollen wir als etwas Festes in der Hand halten und kontrollieren. So ist das Leben aber nicht.

Dieses Streben in unserer Mitte wird angetrieben von Angst, und wovon wir uns am meisten fürchten, ist die Auflösung ebendieser Angst. In Tat und Wahrheit gibt es nichts zu befürchten, denn da gibt es nichts, was aufhören könnte zu sein. Die Krise ist vorbei. Sie ist ausgestanden, denn da ist nichts, dem man sich entgegenstellen könnte. Wandel ist das freie Fließen von Energie ohne Hindernis. Er ist der Klang des Lebens selbst.

Der Wandel pulst in uns, er erfüllt unsere Gewohnheiten, unseren Widerstand und unser Verleugnen. Wandel ist die Wahrheit des Lebens.

Diese Wahrheit können wir unmittelbar erfahren, dazu sind wir weder auf Hilfe noch Vermittlung angewiesen. Da gibt es nichts, aber auch gar nichts, das gleich bliebe und dem Gesetz des Wandels nicht unterworfen wäre.

Ein Gedanke tritt auf und vergeht. Jedes Gebilde, das sich auf Grund unseres Denkens ergibt – unsere Körper, unsere Familien, unsere Arbeit und unsere Gesellschaft –, verändert sich, sobald es existiert. Diesen Wandel vermögen wir nicht aufzuhalten.

Lässt sich denn irgendetwas finden, das dem Wandel nicht unterworfen wäre?

Bloß das Denken meint, es sei davon ausgenommen. Dem Denken ist es nicht möglich, das Dahinschwinden der Wirklichkeit zu erfassen, denn das Denken ist Wirklichkeit. Ein Einblick in seine eigene wahre

Natur ist dem Denken nicht möglich und bleibt ihm verwehrt.

Die Identifikation mit diesem blinden Fleck des Geistes, mit unserer fixen Vorstellung, das Leben müsse kontrolliert werden, bedeutet, dass wir die Verbindung zum Wandel verloren haben. Das heißt, wir haben keine Verbindung mehr zu unserer eigenen Natur.

Wandel ist Freiheit. Er ist das Ende von Anhaftung und er ist das Ende von Angst. Da gibt es nichts, was uns im Weg stünde. Nie hat es so etwas überhaupt je gegeben.

Reaktion, Projektion und Wahnsinn

Die Struktur des Denkens ist zu einem derart komplexen Gebilde angewachsen, dass ihr selbst die leistungsfähigsten Computer nicht beikommen. Weil unser Denkapparat so vielschichtig und rasant funktioniert, scheint er etwas Festes, Beständiges und Greifbares zu sein. Das Denken ist zu einer Sache geworden, die sich auf sich selbst bezieht und die gleichberechtigt neben zu verarbeitende Wahrnehmungen, Ideen und Gefühle tritt.

Die Vorstellung, da sei etwas Festes, wird vom Denken in die wahrgenommene Welt projiziert und schließlich werden unsere eigenen Gedankensplitter zur Welt selbst.

Die Gedanken, die wir fortwährend projizieren, bilden die Welt, in der wir uns befinden. Entsprechend verhält sich die Welt gemäß den Vorgaben unseres -Geistes, denn die Welt ist unser Geist.

Der Geist besteht nicht bloß aus den Gedanken, deren wir uns bewusst sind und mit denen wir uns identifizieren. Der Geist ist auch das Unbewusste und das Kollektive, das Historische und Genetische – die Gesamtheit dessen, was die Menschheit bestimmt.

Wenn wir einen Mann oder eine Frau erblicken, so tun wir es mit den Augen eines Affen, eines Jägers und Sammlers, eines ungebildeten Leibeigenen, eines Arbeiters in den neu erstandenen Fabriken der industriellen Revolution und mit den Augen eines politisch korrekt denkenden Bürgers des zwanzigsten Jahrhunderts. Jedes dieser Augenpaare sind unsere Augen. Wir blicken durch die Brillen von Geschichte, Erinnerung und Prägung.

Unsere Erziehung, unsere Kultur und unsere Sprache sind aus dem Denken und der Überlieferung einer Menschheitsgeschichte hervorgegangen, die sich über Jahrtausende erstreckt. Unser biologisches Erbe und unsere genetische Ausstattung beruhen auf den Erfahrungen unzähliger Jahrtausende vor uns.

Diese Anhäufung von Wissen, Information und Überlieferung wird in einem zunehmend hektischen Denkprozess verarbeitet. Außerhalb unseres kollektiven Netzes von Gedanken gibt es keine solchen Begriffe wie Christen, Juden oder Muslime, es gibt weder Mann noch Frau, noch gibt es eine weiße, schwarze, gelbe oder braune Rasse.

Die Gesamtheit dessen, was wir denken, ist die Gesamtheit dessen, was wir als die Welt wahrnehmen. Außerhalb des Denkens nehmen wir keine Welt wahr, denn unser Geist ist ruhelos, und es gibt nicht einen einzigen Augenblick, in dem wir uns außerhalb des Denkens befänden.

Die Bewegung des Denkens ist die Bewegung der Wirklichkeit.

Bei der Projektion des Denkens entsteht die umfassende Vorstellung, dass es einerseits jemand gibt, der denkt, andererseits eine Welt außerhalb dieses Denkenden und schließlich eine Beziehung zwischen diesen beiden Größen. Tatsächlich gibt es eine solche Beziehung zwischen Denkendem und der Welt einzig in unserer Vorstellung. Unsere Vorstellung trennt ein ungeteiltes Universum auf in einzelne Teilbereiche. Außerhalb des Denkens gibt es eine solche Aufteilung jedoch nicht.

Weil Denkwirklichkeit und projizierte Welt in ihrer Gesamtheit derart komplex geworden sind, sind wir zur Ansicht gekommen, es handle sich um die Wirklichkeit selbst. Daran glauben wir so sehr, dass, wenn es zu einer Herausforderung kommt und die Denkwirklichkeit ins Wanken gerät, wir automatisch in eine Abwehrreaktion flüchten.

Diese Reaktion dient dem Schutz der Denkwirklichkeit und damit verbunden dem Schutz des «Ich». Jede Herausforderung wird abgewehrt. Dies geschieht ganz einfach, indem wir ein an sich unteilbar ganzes Universum sogleich wieder aufteilen und die Werte, welche in Frage gestellt werden, nach außen projizieren.

Wird uns das vor Augen gehalten, klagen wir an. Werden wir angegriffen, gehen wir zum Gegenangriff über. Werden wir in Frage gestellt, so verteidigen wir uns.

Indem wir andere anklagen, wendet sich das Augenmerk vom «Ich» weg auf andere. Nie würde es uns in den Sinn kommen, die Verantwortung zu übernehmen. Unsere Welt, die Welt des «Ichs», ist gezwungenermaßen eine Welt der Trennungen. Und so gelingt es uns, stets etwas außerhalb von uns zu finden, das verantwortlich sein soll.

Übernehmen wir hingegen die Verantwortung für unser Leben als Ganzes, so gibt es nichts mehr, dem wir die Schuld zuschieben können. Mit einem Mal finden wir uns in einem rundum neuen Universum wieder. Darin ist kein Ort mehr, wo wir uns verstecken könnten.

Was uns an anderen am meisten stört, ist das, womit wir in uns selber noch nicht abgeschlossen haben. Von einer psychologischen Warte aus besehen, lässt sich das unschwer feststellen. Auch im Alltag lässt sich das ständig beobachten.

Dieser andere, der uns stört, und dieses Selbst, das sich stören lässt, sind nicht zwei verschiedene Größen, sondern ein und dasselbe. «Die Störung» und «der andere» sind beides Projektionen des eigenen Denkens. Statt dass dieses Denken in sich zur Ruhe käme und an ein Ende gelangte, teilt sich das Denken fortwährend weiter auf. Das aufgeteilte, projizierte Selbst ist die erschaffene Welt, in der ein «Ich» existiert. Dieses «Ich» wird gestört. Es wird gestört durch andere.

Vielleicht lässt sich dieses Dilemma beilegen durch eine neue Art von Gedankenfragment, die wir hier einmal «Lösung» nennen wollen. Wir schaffen uns also ein Problem, eine Störung, einen Konflikt und darüber breiten wir eine neue Vorstellung aus: die Lösung. Doch eine Lösung für unser Selbst ist das nicht; wir leiden nun bloß an einer noch komplexeren Form von Schmerz.

So verläuft der hochgradig komplexe Tanz der Gedankenwirklichkeit, er bewegt sich von Augenblick zu Augenblick vor dem Hintergrund von Leere, Ganzheit und Stille. Dieser Tanz wird durch unsere Trägheit, unser Getriebensein und durch unsere Gewohnheiten aufrechterhalten. Dieses manische Zerteilen und Bilden von Reaktionen kann zu einem Zustand zunehmender Körperlosigkeit führen. Unsere Antriebskraft und das, womit wir uns identifizieren, werden zu rein geistigen Größen, abgetrennt von jeder Körperlichkeit und losgelöst von jeder Wahrnehmung unserer gegenseitigen Verbundenheit.

Es ist der reine Wahnsinn. Das Denken hat uns entleibt. Innerhalb der eigenen Projektionen bestreitet es ein Leben aus sich selbst. Dieser Wahnsinn gilt in der heutigen Welt als Normalität.

Wenn diese Art von Wahnsinn normal ist, was ist dann Normalität?

Wenn wir merken, wie sehr die Welt aufgespalten wird durch die Identifikation mit dem Denken und durch die Projektion von Gedanken, was geschieht dann mit uns? Werden wir befreit und fühlen wir uns aufgehoben in dieser Einsicht oder ereignet sich etwas anderes?

Das Verstehen der wahren Natur des Denkens ereignet sich als plötzliche Einsicht, die geschieht ohne ein bestimmtes Umfeld oder Ursache. Die Einsicht mag im Zusammenhang mit einer Krise oder mit existenziellen Erschütterungen auftreten, nach einem unerwarteten Tod oder Verlust. Diese Einsicht rüttelt derart am gewohnten Blickwinkel, dass wir darüber völlig aus dem Gleichgewicht geraten. Womöglich verlieren wir den Sinn für Festigkeit, vielleicht büßen wir unser Gefühl von Zentriertheit ein und finden den Standpunkt des Beobachters nicht wieder.

Wer sind wir dann? Wie funktionieren wir? Wie verhalten wir uns? Wenn uns das aus der Bahn wirft, wo stecken wir sonst? Gibt es uns überhaupt?

Dieser Zustand des Aus-der-Bahn-geworfen-Seins ist unser eigentlicher Zustand. Wir mögen ihn für normal halten. Andere werden sagen, wir spinnen.

Die spirituelle Krise, welche häufig mit einer Einsicht in die unverhüllte Natur der Wirklichkeit einhergeht, wird zumeist als Wahnsinn wahrgenommen. Nur der Zustand der Fragmentierung, also das Wesen unserer Identifikation mit dem Denken, gilt als normal. Das Pferd wird am Schwanz aufgezäumt. Wer zum Kern der Wirklichkeit vorstoßen will, tut gut daran, diese grundlegende Verwirrung und Verkehrung der Tatsachen im Auge zu behalten.

Und weil wir das Pferd am Schwanz aufzäumen, gibt es bei uns in aller Regel kein Verständnis und keine Unterstützung für die Erkenntnis, für den Zustand des Aus-der-Bahn-geworfen-Seins und für dessen Integration. In Tat und Wahrheit kann es im Außen einen solchen Bezugsrahmen auch nicht geben, dort gibt es weder Wahnsinn noch Normalität. Das Pendeln zwischen Auflösung und Integration ist die Natur unseres Daseins.

Im Rahmen der Wirklichkeit, deren Wahrnehmung wir uns gegenseitig bestätigen, verständigen wir uns auch über den Sinn des Lebens als einer Bezugsgröße von Produktivität, materiellem Wohlstand und gesellschaftlicher Sicherheit. Wer sich davon nicht beeindrucken lässt, erfährt eine spirituelle Krise nicht als Krankheit oder Funktionsstörung, die es zu beheben gälte. Innerhalb dieses Rahmens wird unser natürliches Pendeln zwischen Auflösung und Integration jedoch als eine Bedrohung der geistigen Gesundheit verstanden.

Der Materialismus dieses gesellschaftlich bedingten Standpunkts versucht dieses Pendeln zwischen Auflösung und Integration klein zu halten oder zu unterdrücken. Was dabei herauskommt, sind gut funktionierende, produktive und stabile Bürger ohne Herz und Seele; sie sind von ihrem Körper abgeschnitten und fragmentiert; sie sind zwar am Leben, aber sie sind nicht lebendig; ihre Verfassung ist die einer wachsenden Verzweiflung.

Ohne die erdrückende Last von Verhaltensnormen gibt es keine vorgefertigten Schubladen, in die sich unsere Erfahrung zu fügen hätte. Ohne Schablonen sprechen Erfahrungen für sich selber. Erklärungen braucht es dann keine. Ohne die Bürde des Wahnsinns, ohne die Unterdrückung unseres natürlichen Zustands wird Integration möglich.

Integration ist sich über die Metamorphosen von Gedanken und Wirklichkeit vollständig im Klaren. Sie stellt sich dieser Bewegung nicht in den Weg. Integration kämpft auch nicht gegen das endlose Projizieren von Gedanken oder gegen den gesellschaftlichen Ausdruck der Gedankenwirklichkeit. Weil sie sich der Natur der Gedankenwirklichkeit bewusst ist, geht Integration davon aus, dass diese Wirklichkeit zwar so erscheint, als sei sie von Substanz erfüllt, dass sie tatsächlich jedoch leer ist. Integration arbeitet nicht an der Wirklichkeit, denn sie hat keinen Grund, diese verändern zu wollen oder sich ihr entgegenzustellen.

Im Unterwegs ist Integration zu Hause. Sie braucht keinen festen Standpunkt. Ihre Sicht ist grenzenlos.

Eine Integration von Wahnsinn und Normalität kümmert sich nicht um vorgegebene Formen, denn der Standpunkt des Vergleichs ist ihr unbekannt. Ebenso wenig kann sie aus der Fassung gebracht werden, denn sie ringt nicht mit einer vom Denken projizierten Wirklichkeit.

Wohl vermag Integration sich mit der vom Denken projizierten Wirklichkeit zu verständigen und mit ihr zu agieren. Das liegt in ihrer Natur, denn Integration umfasst jenen Raum, aus dem die Gedankenwirklichkeit erwächst.

Integration ruht in sich.

Vor der Weite des bewussten Raums steigen Gedanken auf und sie vergehen. Vom engen Blickwinkel des Denkens aus betrachtet, scheint es zu einer Krise zu kommen; aus der weitgesteckten Sichtweise des Raumes herrscht Stille.

Der Zusammenbruch des Selbst

Nach vielen langen Sitzungen eröffnet ein Psychiater seinem Patienten: «Sie sind geheilt!»

«Alle Achtung!», erwidert der Patient. «Als ich zu Ihnen gekommen bin, war ich Napoleon. Jetzt bin ich ein Nobody.»

Die Struktur des Selbst verlangt nach Identifikation. Ohne das Gefühl, jemand zu sein, bricht die Idee des Selbst in sich zusammen.

Wenn wir uns einen Zusammenbruch des Selbst vorstellen, denken wir sogleich an Wahnsinn. Doch wir haben gesehen, dass der Normalzustand, in dem wir es uns bequem gemacht haben, von sich aus recht nahe an Wahnsinn grenzt. In den Auswirkungen auf unser Glück und auf die Lebensqualität um uns ist diese vermeintliche Normalität der reine Wahnsinn.

Ist der Kollaps der vertrauten Auffassung vom «Ich» womöglich unser natürlicher und eigentlicher Zustand? Ist es dem Leben möglich, sich spontan zu bewegen, ohne Gedanken, ohne Aufsplitterung, ohne Erinnerung oder Projektion? Oder erfüllt die Identifikation mit dem

Ego, mit einem Zentrum, von dem aus wir uns bewegen, eine für unser Leben notwendige Funktion?

Auf positive Weise definiert sich das Selbst durch seinen Standpunkt, durch seine Errungenschaften, Eigenheiten und durch seinen Besitz. Auf negative Weise definiert sich das Selbst durch seine Neigung zum Verurteilen, durch seine Verluste und durch die Kräfte, welche es von außen beeinflussen, hemmen, einschränken und herausfordern. Die Reibung zwischen den Mühlsteinen von Positivem und Negativem verleiht dem Selbst das Gefühl, mit dem Leben in Verbindung zu sein.

Was bleibt von uns, wenn wir einmal absehen von unserer Identifikation mit dem Positiven und von unserer Reaktion auf das Negative? Von einem Zustand, der kein Zustand ist, weil er frei ist von Eigenschaften, kann es keine Beschreibung geben. Jetzt enthüllt sich das Wesen des bedingten Selbst. Diese Verwirklichung ergibt sich anstrengungslos, durch Gnade tritt sie hervor, durch eine Art von starker Leere.

Nichts bleibt übrig, außer der Ausdruck von Freiheit.

Wir mögen zu diesem tiefen Verständnis gelangen, doch wollen wir tatsächlich eine Freiheit, die ohne ein Gerüst von Identifikation auskommt? Oder wollen wir uns weiter identifizieren und weiter verurteilen? Wir mögen Freiheit für die offensichtliche Wahl halten, doch sind wir auch wirklich bereit, die positive und negative Identifizierung aufzugeben? Sind wir bereit für den Zusammenbruch des Selbst?

Wenn wir uns den Zusammenbruch des Selbst vor Augen führen, steigt Angst in uns auf. Diese Angst lässt ein Bild der Welt entstehen, wie sie sich nach dem Zusammenbruch unserer Identität präsentiert: Wir erwarten eine Welt von Verwirrung, Unordnung und Pein. Das entbehrt nicht der Ironie, denn gerade so wird es nicht sein. Vielmehr ist das die Welt, in der wir jetzt leben.

Wo befinden wir uns, wenn wir die ausgreifende Bewegung unseres Selbst mit seinen Gewohnheiten und Wiederholungen unterbrechen, und was tun wir dann? Wir ängstigen uns vor dem Verlust unserer Identifikation mit Familie, Freunden und Arbeit. Wir wissen nicht, wie eine Welt ohne unsere gegenwärtigen Strukturen aussehen könnte.

Was wir womöglich tatsächlich befürchten sollten, ist das Fortleben der vertrauten Strukturen. Wenn es etwas gibt, vor dem wir Angst haben müssten, so ist es die Möglichkeit, durchs Leben zu gehen, ohne unsere Identifizierung je erkannt zu haben, ohne wahre Kommunikation mit der Familie, ohne die Tiefen von Freundschaft je ausgelotet und ohne in seinem Leben je eine sinnvolle Aufgabe gefunden zu haben. Diese Aussicht ist wahrhaft schrecklich.

Dieses verzweifelte Leben ist das, was wir in Kauf nehmen für die Gewissheit des Vertrauten. Nichts ist so sicher wie ein Gefängnis. Und darin ist unser letzter Hort der Zuflucht, unsere ganz persönliche Einzelzelle, die Zelle des «Ich».

Außerhalb der Gefängnismauern liegt das Unbekannte. Sicher ist es dort nicht, aber frei.

Was sich außerhalb der Gefängnismauern des Denkens befindet, wissen wir nicht, denn noch nie haben wir uns hinausgewagt. Unsere Angst projiziert zwar Bilder in den Raum vor den Mauern, doch eine zutreffende Kenntnis dieses Raums hat sie nicht. Die Angst vermag das Gefängnis nicht zu verlassen, denn sie ist dazu verurteilt, diejenigen zu bewachen, welche sie gefangen hält.

Was bleibt, wenn das Selbst zusammenbricht und wenn die Wände einstürzen? Ist es Angst oder Freiheit?

Liebe, Leere und Energie

Oft haben wir das Gefühl, nicht genug geliebt zu werden. Das verweist auf die Tatsache, dass wir uns selber nicht lieben und dass es uns nicht gelingen will, das eigenes Liebesvermögen zu entfalten.

Liebe ist nicht etwas, das wir uns gegenseitig geben, denn die Liebe kennt weder Subjekt noch Objekt.

Liebe ist das, was sich ereignet, wenn es keine Beziehung von einem Subjekt zu einem Objekt mehr gibt, wenn nicht mehr länger zwei sind.

Das Gefühl, nicht geliebt zu werden, ist tatsächlich der Ausdruck eines Verlangens nach Liebe. Es ist das Verlangen danach, dass es mit der aufgeteilten Welt, in der das Ego fortbesteht, vorbei sein soll.

Mit dem Ego ist es nicht dann vorbei, wenn uns jemand liebt. Das Ego wird auch nicht dadurch aufgelöst, dass wir einen anderen lieben.

Liebe hat keine Ursache. Sie lässt sich nicht erschaffen, sie lässt sich nicht üben und sie lässt sich nicht erlernen.

Wir können uns intensiv damit auseinandersetzen, wer wir sind. Dabei werden wir die Struktur der Teilung erkennen, welche Denken, Erinnern und Ego unweigerlich mit sich bringen. Das können wir aber auch bleiben lassen. Wir können zur Ruhe kommen.

Liebe ist des Lebens eigentliche Energie und dessen eigentlicher Ausdruck. Sie ist in sich ganz. Für das Denken gibt es keine Annäherung an diese Energie, mit Worten vermögen wir sie nicht zu fassen.

Diese ganzheitliche Energie lässt sich nicht verwenden, sie lässt sich nicht teilen und nicht verschwenden.

Wir alle sind Liebe, sie ist alles, was wir sind.

Unser Verlangen erfährt dadurch keine befriedigende Antwort, doch es verstummt.

Haben wir die Natur unseres Denkens und unseres Egos erkannt, schreiten wir durch dieses Tor in die Stille.

Hinter uns liegt eine Welt in Fetzen; wir sind eingetreten in einen Raum, der ganz ist, aber leer. Wo keiner ist, der benennt, gibt es keine Namen. Wo kein Subjekt ist, gibt es kein Objekt. Das ist Leere.

In diesem Raum herrscht eine enorme Energie, denn hier ist nichts, was Energie zerstreute. Hier wirkt eine große Kreativität, denn in diesem Raum gibt es nichts, was Kreativität einschränkte.

Das Zentrum des Ego im psychologischen Selbst ist verstummt. Es hat sich aufgelöst und nichts ist verloren gegangen. Aus diesem riesigen, sich ausdehnenden Bereich der Stille verschafft sich die Energie des Lebens ihren Ausdruck.

Weil diese Energie über dem Gesetz von Ursache und Wirkung steht, bleibt sie unbekannt. Kein Konzept vermag sie zu fassen. Das Denken kommt ihr nicht bei. Auf keine Weise vermögen wir sie zu manipulieren.

Nicht wir sind es, welche diese Energie entdecken oder erfahren. Wir sind diese Energie, wir drücken sie aus, wir erkunden sie, wir verleihen ihr Gestalt und wir lösen ihre Formen wieder auf.

Kommunikation jenseits von Sprache

Sehen wir uns vor: Das Nachdenken über das Wesen von Bewusstsein und Wirklichkeit neigt dazu, wiederum neue Konzepte, Philosophien und Schablonen hervorzubringen.

Diese Einschränkung sei vorausgeschickt zum besseren Verständnis der nun folgenden Worte. Dies ist keine Untersuchung für beiläufig Interessierte und halbherzig Engagierte, die sich bloß intellektuell angesprochen fühlen.

Diese Worte haben bloß dann einen Wert, wenn wir aufrichtig nach ihrer Bedeutung im täglichen Leben suchen. Das gilt ganz besonders für jene Worte, die sich auf einen Gegenstand beziehen, der sich naturgemäß mit Sprache nicht beschreiben lässt.

Wenn wir nicht gleichzeitig die Grundlage der eigenen Denkstruktur untersuchen, werden Worte zu Fallen. Doch wo Denken schwebend verharrt, wo sich Stille einstellt, erlangen Worte eine neue Kraft.

Für eine neue Denkrichtung besteht kein Bedarf, doch jeder von uns steht vor der drängenden Notwendigkeit, die Wahrheit seines Daseins zu erkennen, und zwar aus erster Hand. Eine solche Art von Selbsterfahrung kann einem nicht beigebracht werden. Sie muss aus eigener Notwendigkeit heraus erwachsen.

Doch wo sich diese Bewegung zur Selbsterfahrung ereignet, wird es unumgänglich, dass wir kommunizieren. Die Notwendigkeit zu kommunizieren erwächst unmittelbar aus der Anerkennung unserer grundlegenden Verbundenheit mit allem, was uns umgibt. Im Kern dieser Erkenntnis steckt Kommunikation. Eine Alternative hierzu gibt es nicht.

Diese Kommunikation mag sich in Worten, in Taten oder durch Stille ausdrücken. Solange Kommunikation nicht zur Ideologie wird oder zum Versuch, andere zu kontrollieren, kommt es auf die einzelne Ausdrucksweise, die wir dazu verwenden, nicht an. Kommunikation ist nicht etwa ein Übermitteln von Ideen von einem Menschen zum anderen. Kommunikation ist die Übertragung von Stille.

Kommunikation bezeugt nicht einen bestimmten Standpunkt, sie rührt nicht aus einem Wissen, das zum Unwissen spräche. Kommunikation führt nicht zur Bildung von Macht, durch sie entstehen weder Anhänger noch Organisationen.

Kommunikation ist die Erhöhung des anderen zur Freiheit, sie ist ein Segen der Liebe.

Zu welcher Art von Erkenntnis wir auch immer in unserem Leben finden, nichts geschieht zu unserem eigenen Nutzen allein. Erkenntnisse machen nur Sinn in der Beziehung, und Kommunikation ist der Ausdruck von Beziehung.

Kommunikation ist ein Begriff, den wir gemeinhin mit dem Gebrauch von Worten verbinden. Doch die Wurzel seiner Bedeutung hat der Begriff «Kommunikation» in der Qualität des Teilens mit anderen, im Vermitteln und Übertragen.

Das Wort «Kommunikation» hat denselben Wortstamm wie «Kommunion». Damit bezeichnet wird ein Akt von Teilen und Gemeinschaft, also das gemeinsame Ganze von Einzelnen.

Wenn Kommunikation der Ausdruck von Beziehung ist, welche Form hat dann diese Beziehung? Wie kommunizieren wir denn tatsächlich, wie geben, wie vermitteln und wie übertragen wir?

Diese Fragen sind eine stete Herausforderung, sie sind ein aktives Experiment, an dem sich jeder fortwährend beteiligt. Die gesellschaftlichen Formen, denen wir in der Welt heute begegnen, drücken weder Gemeinschaft aus noch Kommunion oder Kommunikation.

Der Ausdruck von Beziehung, also eben Kommunikation, das Mitteilen und die Liebe, muss sich stets von neuem um Formen bemühen. Diese Bewegung hin zur Form ist die ständige Transformation von Körper, Familie, Gesellschaft und der Welt. Ist aber diese Bewegung, diese grundlegende Umwandlung, frei von Projektionen und von der Verzerrung durch Konzepte und Ideologien?

Diese Frage stellt sich ganz generell, doch am drängendsten wird sie dort, wo wir sie direkt und individuell auf den praktischen Verlauf unseres täglichen

Lebens beziehen. Wenn wir nach der Sicherheit von Ideologien streben, wenn wir nach den Vorgaben einer Überlebensroutine funktionieren und wenn wir abgetrennt leben von der Welt um uns, so stößt diese Transformation auf Widerstand.

Nicht die Welt soll sich verändern. Wir müssen uns verändern. Nicht die Welt ist zu komplex. Wir sind es. Es sind nicht die Politiker, Priester und Konzerne, die eine menschlichere, von Mitgefühl getragene Welt verhindern. Wir sind es.

Wir sind die Politiker, die sich in täglichen Verhandlungen mit Tricks und billigen Kompromissen Freundschaft erkaufen, Ehe und Familie aushandeln. Wir sind die Priester, die ihr Leben in Rituale zwängen und die sich weigern, die Konzepte und Bilder, nach denen sie ihr Leben bestimmen, zu hinterfragen. Wir sind die Konzerne, welche die Umwelt verschmutzen und Ressourcen verschwenden, denn wir sind habgierig und streben nach Sicherheit und Gewinn auf Kosten anderer.

Lasst uns damit aufhören. Auf die Weise brauchen wir nicht weiterzumachen.

Wenn wir Einsicht gewinnen in die Natur unserer Verbundenheit, entdecken wir auch, dass sich in dieser Einheit Problem und Lösung gegenseitig aufheben.

Nun handeln wir spontan, frei von Angst und frei von Spaltung. Wir beginnen uns durch das Leben zu bewegen, ohne dass Gedanken aus der Erinnerung uns lenken würden. Wir agieren aus der Tiefe der Stille. Diese Bewegung ist ganzheitlich, sie rührt aus dem Allgemeinen und sie kehrt ins Allgemeine zurück. Das ist Kommunikation, Kommunion und Kommunität – Gemeinschaft.

Auf uns wartet eine sehr einfache Entdeckung, die uns gelingen mag, wenn wir die Natur unserer Welt erforschen: Wir meinen in der Welt zu sein, in Tat und Wahrheit jedoch sind wir die Welt.

So gelingt es uns nicht länger, feststehende Bezugspunkte außerhalb unserer Erfahrung auszumachen. Wir merken, dass unser Verhalten die Dinge bestimmt, welche um uns zu sein scheinen, und dass diese Wechselwirkung wiederum uns beeinflusst. Was hier abläuft, ist vergleichbar mit der Ununterscheidbarkeit von Objekten in der Quantenphysik. Wir finden heraus, dass wir einen Einfluss ausüben und gleichzeitig selber beeinflusst sind von den Bestandteilen der uns umgebenden Welt, die nur scheinbar von uns abgetrennt zu sein scheint.

In der Kommunikation, in diesem Hin- und Herströmen von Energie, diesem Ausdruck von Liebe, wartet auf uns die Entdeckung, dass wir von nichts abgetrennt sind. Wir sind weit entfernt davon, mit dieser Entdeckung ans Ende einer Geschichte zu gelangen. Vielmehr stehen wir an einem Anfang.

Die Herausforderung des Lebens

Sich als die Welt zu erkennen, bedeutet auch, sich als Wesen der Welt zu erkennen. Dieses grundlegende Inbeziehungtreten duldet keinerlei körperliche oder seelische Zurückhaltung. Da ist keine Höhle und kein Ort des Rückzugs, es gibt keinen erhabenen, unberührten Standpunkt, wohin wir uns zurückziehen könnten, um die Dinge zu überblicken.

Diese Verbindung ist der Anfang einer Transformation der ganzen Welt in all ihren Ausprägungen. Das Inbeziehungtreten mit der Welt geschieht nicht aus der Absicht heraus, sie zu etwas anderem hin verändern zu wollen. Diese Bezugnahme zur Welt **ist** Veränderung. Wenn Bewusstsein in Beziehung tritt zur Wirklichkeit, so verändert es diese. Bewusstsein, das in Beziehung tritt zum Denken, verändert dieses.

Was bedeutet das alles nun in Bezug auf unser tägliches Leben? Wir haben festgestellt, dass unser Denken unser Selbst erschafft. Wir haben gesehen, dass dieses Selbst eine Fiktion ist, und wir haben gesehen, in wie hohem Maße wir aus dieser Fiktion und um diese Fiktion herum funktionieren.

Abgesehen davon stehen wir weiterhin vor Fragen des Lebenserwerbs, beschäftigen uns weiterhin mit Geld, Beziehung, Sex, Politik, Gemeinschaft und Familie.

Um solchen Fragen aus dem Weg zu gehen, beschloss einst ein Mann, sein Leben zu vereinfachen und sich ganz dem Erforschen zeitloser Wahrheiten zu widmen. Er gab alles auf und setzte sich unter einen Baum. Dort konnte er trefflich über die Natur des Universums meditieren. Sein einziger Besitz war ein Lendenschurz, mit dem der Meditierende seine Scham verhüllte. Bei dem Mann stellten sich bald Verehrer und Anhänger ein, das versteht sich von alleine.

Eines Tages bemerkte er, dass eine Ratte an seinem Lendenschutz knabberte. Der Yogi bat seine Anhänger um Rat.

«Sie sollten sich eine Katze anschaffen, die wird die Ratte vertreiben», wurde ihm empfohlen.

Also wurde eine Katze beschafft.

Doch die Katze blieb nicht lange. Wieder wurden die Anhänger um Rat gebeten.

«Die Katze bleibt nur, wenn man ihr Milch gibt. Um über Milch zu verfügen, müssten Sie sich eine Kuh zulegen.»

Und so kam der Asket zu einer Kuh. Doch die Kuh musste auf die Weide geführt werden. Also wurde dem Heiligen ein Diener zugeteilt, der sich um die Kuh kümmerte. Doch der Diener wollte nicht dort leben, ohne seine Familie bei sich zu haben. Also zog auch des Dieners Familie zum Heiligen. Natürlich brauchten die

Leute ein Haus. Zur Unterstützung der Familie wurde aus der einen Kuh bald eine kleine Herde.

Und so kam es, dass dem Asketen das einfache Leben entglitt und er vergaß, über die Natur des Universums zu meditieren – und das alles bloß wegen eines simplen Lendenschurzes.

Wir können dem Materiellen nicht entrinnen. Selbst wenn wir dessen Begrenztheit erkennen, gelingt uns das nicht. Beeinflusst eine tiefe Einsicht in die Natur unseres Daseins den Verlauf unseres Lebens? Verschafft sie uns die täglichen Brötchen? Kommt sie für die Miete auf und begleicht sie die laufenden Rechnungen?

Wenn nicht, was dann? Wie kommt Geld in unsere Taschen und wie geben wir es aus? Und schließlich: Was ist Geld überhaupt?

Geld ist ein großer Tabubereich, ganz besonders, wenn wir uns selber als spirituelle Menschen verstehen. Entweder leiden wir an einem Mangel oder uns drückt die Bürde des Überflusses. Aus Angst hängen wir am Geld, unser Verhalten ist bestimmt von einem Bedürfnis nach Sicherheit.

Weil wir mit unserer Angst nicht umgehen können, können wir auch mit Geld nicht umgehen. Verzweifelt klammern wir uns an Gewohnheiten oder suchen den Rat von Experten. Die sollen uns beibringen, wie wir unsere Geldängste überwinden können und wie wir unsere Geldgier loswerden.

Ein Mann suchte einen Psychiater auf. Der erklärte ihm, sein Problem bestehe darin, zu sehr den materiellen Gütern verhaftet zu sein.

«Können Sie mich davon heilen?», erkundigte sich der Mann.

«Gewiss doch», antwortete der Psychiater, «das wird sie allerdings die Kleinigkeit von 500 Dollar kosten.»

Über Geld Witze zu reißen, ist nicht schwer. Millionen von Büchern werden verkauft, dank denen Leute lernen sollen, zu «Geldmaschinen» zu werden, wie man es schafft, «Geld anzuziehen», wie man zu einem «Geldmagneten» wird und dergleichen mehr. Die Verfasser dieser Bücher beweisen die Gültigkeit ihrer Methode kraft ihres eigenen Beispiels – indem sie ihre Bücher gut absetzen. Von Geld verstehen diese Schreiber wenig, umso mehr aber von Gier.

Selbst sogenannte Experten in Sachen Geld scheinen sich vor Geld zu fürchten. Von Bertrand Russell ist das Bonmot überliefert, man könne die ganze Welt mit Ökonomen zupflastern, ohne dass sich eine schlüssige Politik erreichen ließe. Die Fachleute der Ökonomie verhalten sich wie Priester, die Rituale der Vorhersage durchführen.

Gier ist die Antwort auf persönliche Bedürfnisse, die wir als abgetrennt von der Welt um uns herum wahrnehmen. Doch wenn wir nicht länger an dieses «Ich» glauben, dann verlieren wir auch den Glauben an die Gier.

Was führt uns zum Geld, wenn die Beweggründe nicht mehr länger Gier und Angst heißen?

Womit werden wir uns beschäftigen, was für eine Art von Geschäft werden wir betreiben, was für eine Organisationsform werden wir uns geben, wenn uns nicht mehr Angst und Gier antreiben? Ist es denn nicht selbstverständlich, dass, wenn wir nicht mehr aus einem vermeintlichen Zentrum heraus handeln, alles, was wir anfassen, und alles, was wir tun, anders sein wird? An unserem Arbeitsplatz breitet sich eine tief greifende Stille aus, wenn wir kein unnützes Zeug mehr fabrizieren, keinen Tand mehr verkaufen und wenn wir auch nicht länger in die Zukunft von Tand investieren. Die Arbeit selbst wird zur tief greifenden Stille.

Wenn diese tief greifende Stille in der Tat das ist, worum es uns geht, werden die Einzelheiten unserer Tätigkeit, wird unser Beruf und werden unsere Aktivitäten insgesamt zu einem Widerschein dieser Qualität. Die Qualität von Stille wird zum Feld, in dem wir uns betätigen.

Was nun ins Auge springt, ist nicht die Stille und der Abglanz dieser Stille in unseren Tätigkeiten, sondern die Nahtstellen, an denen die Stille durchbrochen wird. Weil die Stille zur Norm geworden ist, bildet Lärm die Ausnahme. Wenn es bei der Arbeit zu Ungereimtheiten kommt, wenn wir gestresst sind oder wenn wir einen Schaden erleiden, so kommt dem eine erhöhte Bedeutung zu.

Weil unsere Arbeit eins ist mit der Stille, muss das, was Konflikte verursacht, einer Lösung zugeführt werden oder die Arbeit verändert sich. Wenn Stille und Sorgfalt für uns so wichtig werden, wenn diese Qualitäten im Zentrum unserer Bemühungen stehen, können wir nicht länger Tätigkeiten verrichten, die zerstörerisch sind oder dem Leben abträglich. Für Geld können wir uns nicht kaputtmachen, und dafür können wir auch keinen anderen kaputtmachen. Tief greifende Stille in einer Bombenfabrik, das ist ein Ding der Unmöglichkeit.

Hoffentlich erkennen wir, wie viel von der Arbeit, die wir verrichten, sich nicht um Ordnung, Berührung und Stille dreht. Wir mögen erkennen, wie sehr es uns bei der Arbeit um Wettbewerb, um Macht und Stellung, um Angst und Überleben geht.

Unsere Arbeit wird bestimmt durch die psychologische Zeit, durch die Erinnerung, die wir projizieren, durch Vergangenheit und Zukunft. Denn psychologische Zeit regiert das Geld. «Zeit ist Geld» ist ein geflügeltes Wort, das weitherum als Wahrheit gilt. Wir arbeiten für eine Zukunft, in der wir zu alt sein werden, um zu arbeiten, aber weiterhin Geld brauchen. Wir arbeiten, um die Miete bezahlen und um Lebensmittel kaufen zu können. Uns treibt die Angst um vor Entbehrungen, die da kommen könnten, und so läuft das schon seit Tausenden von Jahren.

Doch wenn unsere Arbeit tief reichende Stille ist, so gibt es beim Arbeitspensum weder Anfang noch Ende. Es gibt dann auch kein Rentenalter mehr, weder Vergangenheit noch Zukunft.

Gibt es für Arbeit aus tief greifender Stille, für das Heraustreten aus der Zeit, aus Zukunft und Angst, einen vertraglich gesicherten Lohn? Gibt es dafür auch Leistungszuschüsse?

Der Lohn wird gerade recht sein, und nicht mehr als das. Gerade recht mag nicht das sein, was wir erwartet haben, was wir haben wollen oder was wir uns erträumen. Und dennoch ist es genug.

Hier geht es nicht um die Entwicklung von «Reichtumsbewusstsein», auch nicht um die Verwirklichung der Maxime «Ich erschaffe meine eigene Wirklichkeit». Mit dem hier vertretenen Prinzip lassen sich keine Bücher verkaufen und keine fantastischen Vorstellungen nähren. Das Prinzip «gerade recht» mag der Ausdruck einer radikaleren Bescheidenheit sein, als wir erwartet haben. Doch «genug» ist eine Antwort auf das Leben, nicht auf Gier, Selbstbezogenheit und Zwang.

Wenn wir genug haben wollen, um Gier und Zwang zu befriedigen, müssen wir die Stille verlassen, in der «genug» recht ist. Wir müssen zurück in die Welt des Denkens und der Spaltung. Das ist rasch vollbracht. Wir erschaffen Reichtum und Zukunftsaussichten und wir erhoffen uns, dass wir mehr und mehr erwerben, bis wir satt sein werden. Wenn wir das erreicht haben, werden wir damit ein für allemal durch sein, dann werden wir es geschafft haben.

Satt werden wir so aber nie. Wir können immer bloß konsumieren. Dann haben wir vergessen, dass wir leer sind, wir haben vergessen, dass sich unser Selbst nicht auffüllen lässt, dass es in Tat und Wahrheit gar nicht existiert. Das Selbst kann bloß konsumieren, doch satt wird es nie und zur Ruhe kommt es schon gar nicht.

Wenn wir das erkennen, mögen unsere Bedürfnisse in einem neuen Licht erscheinen. Tatsächlich haben wir genug und brauchen nicht mehr als eben gerade genug. Die wahren Bedürfnisse erfüllen sich dadurch, dass wir in der Stille sind, dass wir lieben und in Beziehung treten.

Der Lohn für das Anerkennen dieser grundlegenden Stille reicht gerade aus. Nichts Großartiges, doch recht besehen, ist es ein gerechter Handel. Schließlich gilt, dass für einen jeden von uns gerade genug da ist und keiner vergessen zu gehen braucht.

So wie unser Verhältnis zu Arbeit und Geld geprägt ist von bestimmten Mustern, so sind es auch unsere sozialen Formen, unsere Familienverhältnisse, unsere Erziehung und unser politisches Leben. Die gesellschaftlichen Verhältnisse sind Ausdruck von übergeordneten, größeren Mustern, und diese umfassenden Verhaltensmuster sind die Summe einer Vielzahl einzelner Gedanken und Prägungen.

Weil sich diese Formen über lange Zeiträume entwickelt haben, neigen wir dazu, sie fraglos als unbewusste Hintergrundmelodie unseres Lebens zu übernehmen.

Wenn wir beginnen, nach der Natur des Selbst zu forschen, stellen wir selbstredend auch den Aufbau der Gesellschaft in ihrer Gesamtheit in Frage.

Was geschieht mit der Gesellschaftsstruktur, wenn sie grundlegend in Frage gestellt wird? Sind wir bereit, auf eine Weise zu leben, die nicht von diesen Prägungen beherrscht wird?

Was passiert, wenn Intimität nicht mehr länger der Zeugung künftiger Geschlechter dient, wenn nicht mehr länger ein religiös geprägtes Eheversprechen den Fortbestand von Beziehungen sichert, wenn nicht mehr länger der Überlebenstrieb die Grundlage für Gemeinschaft ist und die Grundlage für politische Zusammenschlüsse nicht mehr Verteidigung und Sicherheitsdenken?

Können wir uns ein solches Leben überhaupt vorstellen? Tatsächlich sind wir die Zeugen von solchen Entwicklungen in einer sich rasch verändernden Welt. Doch diese Entwicklungen vollziehen sich nicht bewusst. Die Gebilde, welche sich aus der Veränderung ergeben, werden Ausdruck derselben unterschwelligen Angst sein, welche uns bereits in der Vergangenheit bestimmte.

Als die Geburtenkontrolle aufkam, der Zusammenhalt von Religionen sich auflöste und der Druck des modernen Lebens zunahm, ist die traditionelle Form der Ehe auseinandergebrochen. Das hat zu so etwas wie serieller Monogamie als Ersatz für die Ehe geführt. Woher kommt das Konzept der Ehe, woher das Konzept der Monogamie? Wie kommt es, dass diese Formen sich durchgesetzt haben und durchgesetzt worden sind? Entsteht derzeit eine neue Form des Zusammenlebens?

Eine Beziehung erwächst nicht daraus, dass zwei Menschen ihre Stellung, ihren Besitz und ihre Psychologie aushandeln. Beziehung ist die gemeinsame Suche nach der Natur unserer Welt. Dieses gegenseitige Teilen und Mitteilen lässt sich nicht beschränken auf Gattin oder Gatte. Es liegt in der Natur der Sache, dass eine Beziehung sich ausdehnt auf alle, die daran teilhaben wollen.

Wir mögen der Meinung sein, es gebe nur einen einzigen Menschen, der willens ist, mit uns diesen Weg zu gehen. Doch das ist eine Ansicht und keineswegs so etwas wie ein Naturgesetz. Unsere Gesellschaft, unsere Erziehung und unsere Religion mögen uns in dieser Auffassung bestärken. Wenn wir Intimität ausschließlich mit einem einzigen Menschen teilen, hat sich dann unser Abgeschiedensein, unsere Einsamkeit und unsere Angst nicht bloß ausgedehnt, um einen Zweiten einzuschließen?

Wenn Beziehung das Akzeptieren gemeinsamen Lebens ist, so kann dieses Akzeptieren nicht Halt machen vor einer Grenze, denn eine Grenze gibt es dafür nicht.

Und wenn es diese Grenze nicht gibt, so beginnen wir, alle unsere Vorstellungen in Frage zu stellen. Unsere gesamten Vorannahmen über Beziehung werden fragwürdig.

Die Stärke einer Ehe erwächst nicht daraus, dass zwei sich abkapseln und ihre liebenden Gefühle auf einen einzigen Partner konzentrieren. Vielmehr liegt hierin der Same der Zerstörung und das Ende der Lebendigkeit. Entweder ist es der Tod einer Ehe oder der Tod in der Ehe. Die Ehe kann jedoch auch eine Verstärkung von Liebe und Freiheit sein. Voraussetzung dafür sind zwei Menschen, die frei sind und ihre Liebe nicht in den Grenzen einer einzigen Beziehung gefangen halten.

Gemeinschaft, so wie wir sie kennen, beruht auf dem gegenseitigen Respektieren von privatem Eigentum, Land und Grundbesitz. Dieses Konzept gerät ins Wanken. Kann auch etwas anderes die Grundlage von Gemeinschaft sein?

Ein Schüler wandte sich an einen Weisen und bat ihn, er solle ihm den Unterschied zeigen zwischen Himmel und Hölle.

Der Weise ließ sich erweichen und nahm den Schüler mit auf eine Reise tief ins Innere des Universums. So gelangten sie in das Reich der Hölle.

Dort unten sah der Schüler Menschen an einem enormen, runden Tisch sitzen. Jeder hatte einen großen Löffel in der Hand mit einem schier zwei Meter langen Stil. Mit diesem Löffel vermochten die Leute einen großen Pott in der Mitte des Tisches zu erreichen. In dem Topf befand sich ein überaus leckeres Gericht. Wer es nur schon roch, war entzückt von der Aussicht, von diesem Gericht zu essen.

Doch die Verdammten der Hölle schafften es nicht, ihre Löffel zum Mund zu führen, denn dazu waren die Stiele viel zu lang. Die Leute in der Hölle waren verzweifelt. Vor ihnen stand das beste Essen, doch es war ihnen nicht möglich, sich zu ernähren, und sie mussten Hungers sterben.

Von dieser Szenerie war der Schüler gehörig beeindruckt. Auf ihn wartete noch die Tour in den Himmel. Der Weise führte ihn durch die weiten Bereiche des Kosmos, bis die beiden das Reich des Himmels erreichten.

Dort oben sah der Schüler dieselbe riesige Runde von Menschen um einen Tisch versammelt. Dasselbe köstliche Gericht stand in der Mitte des Tisches und auch diese Leute hielten zwei Meter lange Löffel in ihren Händen.

Doch im Himmel waren alle glücklich und lachten – die Menschen vergnügten sich damit, einander zu füttern.

Wenden wir uns dem innersten Kern unseres Wesens zu und betrachten wir die Grundlagen der gesellschaftlichen Strukturen: Ist es möglich, dass hier etwas Neues entsteht?

Wenn wir nichts tun, um es zu verhindern, so entsteht in unserem Leben Gemeinschaft von alleine. Gemeinschaft gehört zum Menschsein, sie ist ein Ausdruck der Tatsache, dass wir miteinander verbunden sind.

Tausendfach sind die Anstrengungen, die wir unternehmen, um uns gegen die Gemeinschaft abzuschirmen. Jedes Konzept, an das wir uns klammern, trennt uns von den anderen; jede Angst, mit der wir uns identifizieren, trennt uns von den anderen.

Wir finden uns ab mit zunehmend kleineren Einheiten des Lebens als Gemeinschaft. Diese schrumpfende Größe zeigt sich in einer gesichtslosen Wohneinheit, in einem elegant dahingleitenden Auto mit abgetönten Scheiben und in unseren Formen der Kommunikation über Computer und Telefon. Das sind Ausdrucksformen des Abgetrenntseins, Anzeichen von Angst und Schmerz.

Wir haben die Kommunion verlassen. Warum?

Gemeinschaft erfordert eine radikale Vereinfachung unseres Lebens. So wie wir unsere Aufmerksamkeit der Verbindung zuwenden und nicht länger dem Überleben, so verändert sich drastisch, was wir in unserem Leben anfangen und wie wir das tun.

Gemeinschaft stellt sich dar als das Abbild unserer gemeinsamen Verwirklichung. Für unsere Kinder ist es wichtig, dass sie liebende Eltern haben. Genauso wichtig ist es jedoch, dass eine liebende Gemeinschaft für sie da ist, die sie im Leben willkommen heißt.

Wenn unsere Aufgabe darin liegt, Kinder aufzuziehen, so liegt eine zweite, genauso wichtige Aufgabe darin, Gemeinschaften heranzuziehen. Wenn das nicht gelingt, werden auch unsere Kinder gefangen sein in der Vereinzelung, mit der wir uns in der heutigen Gesellschaft so sehr abgefunden haben.

Um neue Gemeinschaften zu bilden, braucht es keine Ideologie, denn die neuen Gemeinschaften werden auf Grund einer unmittelbaren Wahrnehmung von Beziehung entstehen. Wie werden in diesen Gemeinschaften Entscheidungen getroffen? Wie wird Geld verwaltet und wie wird es verteilt? Was bedeutet Besitz? Wie wird die Jugend erzogen? Wie wird man sich um Alte und Kranke kümmern? Eine Suche nach Antworten auf diese Fragen wird die Grundlage der neuen Gemeinschaften bilden. Wie ein Abbild des Lebens selbst werden solche Gemeinschaften stets in Bewegung sein; sie werden sich wandeln und sie werden fortwährend sich selber offenbaren.

Ein Teil der Anstrengungen in solchen Gemeinschaften muss darauf ausgerichtet sein, denen zu helfen, die außerhalb leben und in Not sind. Unsere Kenntnis von dem, was hilfreich ist, ist meist vernebelt von unseren Vorstellungen darüber, wie Hilfe sein sollte.

Eine Notlage mag dort am leichtesten zu erkennen sein, wo es an Obdach und Nahrung mangelt. Doch Mangel lässt sich besser verstehen als das Fehlen von vertrauensvollen Beziehungen. Das Zusammenziehen und Sichabtrennen vom Leben und seinen fördernden Kräften ist die grundlegende Struktur von Mangel. Durch die äußeren Umstände materieller Not wird sie noch verschärft.

Es mag uns gelingen, die materiellen Bedürfnisse anderer zu lindern und zu befriedigen. Doch um die wahren Bedürfnisse eines anderen kümmern wir uns erst dann, wenn wir dem anderen als Menschen begegnen. Wir mögen Lebensmittel verteilen und die Bedürftigen in Ackerbau schulen, doch das wird nicht genug sein, um die Armut aufzuhalten. Eine solche Antwort reicht nicht tief genug.

Um eine rundum stimmige Antwort zu finden, müssen wir uns auf die Tiefen des eigenen Wesens einlassen. Es ist ja so viel einfacher, Geld zu spenden, sich einen Augenblick lang als großzügiger Spender zu fühlen und sich darin zu sonnen, etwas Gutes getan zu haben und dass die Motivation zur guten Tat edles Mitgefühl war.

In Tat und Wahrheit gibt es so etwas wie «geben» gar nicht, genauso wenig wie «haben». Wir mögen die

Sachwalter von Gütern sein, die sich im Verlaufe unseres Lebens angesammelt haben, doch ganz gewiss besitzen wir diese Güter nicht. Wir alle werden mit leeren Händen aus diesem Leben treten.

Wir sind ja derart von der eigenen Güte eingenommen. Dieses gute Gefühl bringt uns zum Spenden und es bestärkt uns in der eingebildeten Selbstlosigkeit. Wir fühlen uns gut, wenn wir Gutes tun. Doch bedeutet sich gut zu fühlen auch Gutes zu tun? Wenn wir buchstäblich nichts haben und es uns verwehrt ist, etwas zu geben, so entbehren wir wohl auch des Vergnügens, anderen geben zu können. Woraus schöpfen wir dann die Kraft zur Nächstenliebe?

Denen zu geben, die es brauchen, ist eine der grundlegenden Funktionen unseres Lebens. Großzügigkeit ist eines unserer grundlegenden Bedürfnisse. Der Spender muss spenden. Es ist uns ein Bedürfnis zu spenden, denn es ist uns ein Bedürfnis, in einer umfassenden Beziehung mit dem Leben um uns herum zu stehen. Indem wir uns in eine Beziehung begeben, werden wir sogleich durch diese Beziehung bereichert.

Beziehung verlangt von uns aber auch, dass wir die Wohltätigkeit mit Verstand betreiben. Mit dem Verstand erkennen wir, dass eine Spende an einen Menschen, der dieser Gabe nicht bedarf, keine Spende ist. Ein Geschenk an einen Menschen, der die Fähigkeit hätte, sich selber zu helfen, wirkt zerstörerisch. In dieser Situation ist Kommunikation und nicht Spenden der angemessene Ausdruck von Beziehung. Ist ein Helfer bereit, die Rolle des offenkundigen Wohltäters abzulegen, um seinem

Gegenüber aufzuzeigen, wie es sich selber zu helfen vermag? Oder sind wir allzu sehr Gefangene unserer Vorstellung von mildtätiger Güte?

Und was passiert mit der Menschlichkeit derer, die tatsächlich nicht fähig sind, sich selber zu helfen, wenn wir ihnen helfen? Wir dürfen uns nicht bloß um deren materielle Bedürfnisse kümmern; wichtiger ist es, in Beziehung zu treten. Wenn wir geben, ohne eine Beziehung aufzubauen, machen wir aus einem Menschen ein Objekt. Es ist möglich, von anderen ernährt zu werden und dennoch zu verhungern. Unsere bedeutendste Spende soll darin liegen, eine Antwort auf den spirituellen Hunger zu finden.

Lebensmittel und Behausung, egal in welchem Ausmaß wir über sie verfügen, taugen nicht dazu, die Daseinsbedingungen des Menschen zu lösen. Unsere Lebensumstände sind das Ergebnis unserer Einstellung, unseres Denkens und unserer Illusionen. Unsere Verantwortung zu helfen liegt darin, in Beziehung zu treten. Wenn wir in Beziehung sind, entdecken wir, dass die Grenzen und Einteilungen, welche das Denken fortwährend erschafft, sich in der Ganzheit auflösen.

Gesundheit, Krankheit und Alter

Der Körper ist eine Schnittstelle von Bewusstsein und Wirklichkeit, Materie und Energie, Stille und Geist. Weil der Körper eine Schnittstelle ist, ist er weder das eine noch das andere und doch beides zugleich. Vielleicht ergibt sich ein besseres Bild, wenn man sich den Körper als ein Gefäß zur Transformation von Energie vorstellt.

Um in der Physik von den kleinsten Einheiten der Materie zu reden, wird der Begriff «Wahrscheinlichkeitswellen» verwendet. Diesen kleinsten Einheiten kommt eine quantifizierbare Existenz erst dann zu, wenn sie beobachtet werden. Bevor sie beobachtet werden, kommt diesen Partikeln erst eine Tendenz und Wahrscheinlichkeit zu, aber noch keine Existenz.

Sobald wir unseren Körper genauer betrachten, wird seine scheinbar rein physische Natur zunehmend unfassbar. Wir stellen fest, dass wir aus einem physischen Teil bestehen, so gut wie aus einem geistig-seelischen Teil und bei genauerer Betrachtung bemerken wir, dass sich diese beiden Bereiche eigentlich gar nicht voneinander trennen lassen.

Durch geistige Konzentration und Suggestion, durch Visualisierungen und Stress, wohl aber auch durch eine Vielzahl von Placebo-Effekten vermögen wir vom Geist aus auf den Körper einzuwirken. Und umgekehrt lässt sich unsere geistige Verfassung beeinflussen durch physische Mittel wie Drogen, Nahrung oder körperliche Verletzung.

Ist uns das einmal bewusst, so wird offensichtlich, dass wir große Sorgfalt auf die Ernährung, körperliche Belastungen und Umwelteinflüsse verwenden müssen. Kein Ratgeber vermag uns vollständig zu enthüllen, wie wir gesund bleiben, was wir essen sollen und was für Übungen uns persönlich gut tun. Doch der Körper selber kann uns das verraten. Viele einzelne Faktoren beeinflussen in ihrer Gesamtheit unsere psychosomatische Verfassung, und diese wiederum hat ihren Einfluss auf unsere Offenheit gegenüber der Gesamtheit des Lebens.

Ist das einmal verstanden, so wird es möglich, das Auftreten von Krankheit und den Alterungsprozess des Körpers als Bewegungen des Denkens in der Gestalt von Erinnerungen zu erkennen. Dieses Erinnern könnte ein Erbe unserer genetischen Struktur sein. Insofern könnte es der Gesamtheit unserer medizinischen Maßnahmen zu Grunde liegen und den geistigen und physischen Gewohnheiten, mit denen wir leben.

In der Erinnerung sorgt das Denken für seine eigene Perpetuierung und so wird deutlich, dass unser Körper, die Krankheiten und der Alterungsprozess allesamt Ausdrucksformen von Erinnerung sind.

Keine Gesundheitsmaßnahme und kein Fortschritt in der medizinischen Forschung haben bis heute tief greifende Auswirkungen im Sinne eines Auslöschens von Krankheit und Altern gehabt. Wohl ist es gelungen, einige Formen von Krankheit zu «besiegen», doch stets sind neue Krankheiten entstanden. Wohl ist es gelungen, mit Hilfe technischer Mittel die Lebensspanne zu verlängern, doch wir mussten erkennen, dass solche Lebensverlängerung einhergeht mit Einsamkeit, Depression, geistiger Verwirrung und einem fortwährenden Zerfall des Körpers. Nach wie vor ist der Tod uns gewiss. Er lässt sich bloß etwas weiter aufschieben.

Wir nehmen den Körper wahr als ein mechanisches System. Die biochemischen Modelle des Körpers sind ihrer Natur gemäß mechanische Modelle. Mit großem Aufwand werden angehende Ärzte in Biologie, Biochemie und Physik geschult. Doch vom gesamten Bild ist das bloß ein bescheidener Ausschnitt.

Selbst der Einbezug orientalischer Modelle und Verfahren in unsere Medizin ändert nichts an der Tatsache, dass der Körper bei uns nach wie vor als eine Maschine verstanden wird. Wohl ist uns bewusst, dass diese Sicht der Dinge nicht hinreicht, wohl wissen wir, dass es Phänomene gibt, für welche die Wissenschaft keine Erklärung hat. Zum Beispiel ist uns bekannt, dass sich für so etwas wie den Placebo-Effekt noch keine Erklärung hat finden lassen, und doch wird er anerkannt. Und es ist bekannt, dass die Modelle, auf die sich die Medizin abstützt, auf statistischen Erkenntnissen beruhen und dass viele therapeutische Verfahren, die sich statistisch bewährt haben, im Grunde noch gar nicht verstanden worden sind.

Wenn in der Medizin eine Diagnose gestellt wird, so wird eine Wahrscheinlichkeit ermittelt, keine Tatsache. Anhand von Symptomen trägt der untersuchende Arzt Hinweise zusammen und auf Grund der statistischen Häufigkeit eines Symptoms in Bezug auf eine bestimmte Krankheit wird die Diagnose gestellt. Diese Funktion kann heute auch von Computern wahrgenommen werden. Die Rechner kommen bereits in der Ausbildung an den medizinischen Fakultäten zum Einsatz und die dabei verwendete Theorie zur Statistik der Diagnose stammt aus dem 18. Jahrhundert. Während über den Patienten Informationen gesammelt werden, trägt das Programm Auffälligkeiten zusammen und daraus wird schließlich auf die Wahrscheinlichkeit einer bestimmten Krankheit geschlossen.

Eine ähnlich geartete Maschine oder eben ein Arzt können nun auf Grund dieser Grundlagen das Medikament ermitteln, das statistisch gesehen die höchste Wahrscheinlichkeit verspricht, die Symptome loszuwerden.

Was ist der Patient in diesem Zusammenspiel von Wahrscheinlichkeit, Symptom und Therapie? Verhält sich ein Patient in diesem System nicht etwa so wie eine Wahrscheinlichkeitswelle, wie eines dieser kleinsten Teilchen in der Physik, bevor sie beobachtet werden?

Verleiht der Betrachter dieser Wahrscheinlichkeit nicht den entscheidenden Anstoß dazu? Dass sie zur Materie wird, dass aus einem menschlichen Wesen ein manipulierbares Gebilde aus Symptom und Therapie wird, ganz einfach durch den Akt des Betrachtens, in diesem Fall durch das Stellen einer Diagnose?

In der Quantenphysik finden wir die Beschreibung von Ansätzen zu einem neuen Paradigma der Medizin. Ohne einen Beobachter gibt es im subatomaren Universum keinen bestimmten Ort und keine feste Gestalt. Das Hinzutreten und Beobachten verwandelt eine Welt von Wahrscheinlichkeiten in eine Welt von festgeschriebenen Tatsachen.

Beobachten macht aus Möglichkeiten Tatsachen. Welche der verschiedenen Möglichkeiten daraus realisiert wird, lässt sich im Voraus nicht sagen. Nach den Erkenntnissen der Physik ereignet sich diese Verdinglichung in der subatomaren Welt nach dem Gesetz des Zufalls. In der Zufälligkeit dieses Vorgangs entstehen jedoch Muster, die mit der Zeit auf das Walten einer Intelligenz schließen lassen.

In der Mathematik wird davon ausgegangen, dass, wenn man einem Affen eine Schreibmaschine überlässt und man ihm genügend Zeit einräumt, um mit Maschine und Papier spielen zu können, irgendwann einmal Shakespeares gesammelte Werke entstehen. Was für eine kreative Kraft steckt doch im Zufall, wenn wir ihm endlos viel Zeit gewähren!

Das subatomare Universum wird als eine Welt ohne feststellbaren Ort beschrieben. Es ist unteilbar und ohne fassbare Gestalt. An ihren Rändern, dort, wo sie am weitesten fortgeschritten ist, beginnt die Wissenschaft dem zu gleichen, was von Mystikern beschrieben worden ist.

Da sich Quantenphysiker auf eine mystische Weltschau zu bewegen, wie kommt es dann, dass die Denkmodelle der Medizin so mechanistisch geblieben sind und dass sie jede Geistigkeit schmerzlich vermissen lassen? Um auf diese Frage eine Antwort zu finden, müssen wir uns der Geschichte der Physik zuwenden.

1687 veröffentlichte Isaac Newton seine «Mathematischen Prinzipien». Das geschah, wenige Jahre nachdem durch Einwirken des Menschen ein Vogel mit dem Namen Dodo für immer vom Antlitz der Erde zum Verschwinden gebracht worden war. Newtons Berechnungen kommt erhebliche Bedeutung zu, weil es die mathematischen Grundlagen zur Vorausbestimmung und Handhabung der materiellen Welt bereitstellte. Gleichsam als Nebeneffekt verbreitete sich dadurch eine materialistische und mechanistische Sicht des Universums.

Tatsächlich erwiesen sich die von Newton postulierten Naturgesetze als Glanzleistungen des Geistes. Doch durch die Aufnahme dieser Prinzipien und deren Ausbreitung nach Newton entstand ein Verständnis des Universums ohne Seele, Geist oder höhere Ordnung.

Newton lieferte den Beweis für den Materialismus und für die mechanistische Natur des Universums. Die Welt gemäß Newton bestand aus dem Zusammenspiel von Ursache und Wirkung. Sie war zählbar, mess- und vorhersehbar. Doch Newton hatte sich geirrt. Eine entscheidende Größe hatte er vergessen: den Beobachter. Unterschiedliche Beobachter von Phänomenen wie etwa der Lichtgeschwindigkeit liefern unterschiedliche Beobachtungen. Mit einem Mal wurde das Absolute relativ.

Bemerkt hat das Albert Einstein, und daneben sind ihm noch eine ganze Reihe weiterer Ungereimtheiten der newtonschen Physik aufgefallen. Anfang des zwanzigsten Jahrhunderts begann Einstein damit, Theorien über extrem große Massen und extrem hohe Geschwindigkeiten zu veröffentlichen, über Schwerkraft, Lichtgeschwindigkeit und Zeit. Einstein machte uns klar, dass Zeit relativ ist. Er verblüffte mit dem berühmten Paradox der Zwillinge: Wenn ein Zwilling mit genügend Schubkraft ins All geschossen wird und von dort zurückkehrt, wird er jünger ankommen als sein Zwillingsgeschwister, das auf der Erde geblieben ist. Wenn Zeit also relativ war, so erhob sich die Frage nach ihrem Wesen.

Nach Einstein begannen die Physiker von einer vierdimensionalen Raum-Zeit zu sprechen, von einer Zeit, die sich verlangsamen und beschleunigen lässt. Damit wurde die von Newton beschriebene Welt relativ. Newtons absolute Welt war zur relativen Welt des Albert Einstein geworden.

Doch selbst Einstein war nicht vorbereitet für die nun anstehende Etappe in der Entwicklung der Physik: die Quantenphysik.

So weit reichend der Wechsel von Newtons absolutem Weltbild zum relativen Weltbild Einsteins auch war, der Wechsel zum Weltverständnis der Quantenphysik sollte sich als ein noch radikalerer Schritt erweisen. Auch Einstein hatte etwas übersehen – und dass er das tat, ist eine faszinierende Tatsache. Einstein hatte das Bewusstsein vergessen.

Die Physiker entdeckten, dass ihre bloße Anwesenheit – mit anderen Worten: die Gegenwart von Bewusstsein – die messbare Wirklichkeit, welche sie beobachteten, tief greifend beeinflusst.

Der Physiker John Wheeler brachte diesen Sachverhalt auf den Punkt, als er schrieb: «Die grundlegenden Gesetze der Quantenmechanik handeln mit eindrücklicher Kraft von dem, was uns Philosophen vergangener Zeiten versuchten nahe zu bringen: Seltsamerweise leben wir in einem Universum der Teilhabe.»

Eugene Wigner, auch er ein Physiker, drückte es so aus: «Ohne den Faktor Bewusstsein miteinzubeziehen, war es nicht möglich, die Gesetze der Quantenmechanik auf überzeugende Weise zu formulieren.»

Der Einbezug von Bewusstsein in die Welt der Physik führt uns zu radikalen und faszinierenden Ansichten. Wie ist beispielsweise die Wirkung beschaffen, die das Bewusstsein auf mess- und quantifizierbare subatomare Phänomene ausübt? Der Physiker Werner Heisenberg postulierte, im subatomaren Bereich ließen sich Phänomene nicht beobachten, ohne dass sie zugleich beeinflusst würden.

Weiter bemerkte Heisenberg: Auch wenn sich von einem subatomaren Teilchen etwas messen lasse, beispielsweise dessen Triebkraft, so sei es dennoch nicht möglich, gleichzeitig auch dessen Position zu bestimmen. Das Bild, das sich von solchen Teilchen festhalten lasse, sei gewissermaßen stets unscharf: «Atome und Elementarteilchen ... bilden eher eine Welt von Potentialen und Möglichkeiten als eine Welt von Dingen und Fakten.»

Ein Phänomen, das unbeobachtet ist oder unbewusst abläuft, beschrieb Heisenberg als eine Wahrscheinlichkeitswelle oder als eine «Tendenz zu etwas».

Heisenberg weiter: «Dadurch wird etwas eingeführt, das sich in der Mitte befindet zwischen der Vorstellung eines Ereignisses und dem Ereignis selbst, ein seltsamer Zwitter physikalischer Realität, der sich in der Schwebe zwischen mehreren Möglichkeiten befindet.»

Zeitgleich zeigte der irische Physiker John Stuart Bell in einer Arbeit, die später als Bells Theorem bekannt werden sollte, dass jede Art von Atom nach dem Zusammentreffen mit einem anderen Atom auf ewig mit dem anderen in Verbindung bleibt und dass sich diese Atome künftig beeinflussen, egal wo sie sich befinden oder wie groß die Distanz zwischen ihnen ist. Diese universelle Verbundenheit ereignet sich außerhalb des Gesetzes von Ursache und Wirkung. Die Physiker gehen davon aus, dass sich Phänomene von Ursache und Wirkung im Rahmen der Lichtgeschwindigkeit ereignen. Der von Bell beschriebene Effekt ist «überlichtig» – er ereignet sich schneller als mit Lichtgeschwindigkeit.

Bells Theorem hat tief greifende Implikationen. Es besagt, was Mystiker seit je verkündet haben: Im Universum ist alles mit allem verbunden. Ein wahrhaftes Abgetrenntsein gibt es nicht. Was an einem Ort geschieht, kann sogleich Auswirkungen auf etwas an einem anderen Ort haben. Bells Arbeiten legen den Schluss nahe, es müsse Wirkungen jenseits von Ursachen geben, Wirkungen, die sich außerhalb von Handlungsabläufen und jenseits von Zeit ergeben. Das deutet auf eine Größe hin, die von der Wissenschaft zwar beschrieben wird, welche die Wissenschaft aber nicht zu erklären vermag. Mit anderen Worten: Hier hat die Wissenschaft ihr eigenes Fassungsvermögen überstiegen.

Was in ihrem fortgeschrittensten Bereich beschrieben wird, ist der allererste und rudimentäre Kontakt der Wissenschaft mit dem Bewusstsein. Und wie wir bereits bemerkt haben, wird alles, was mit ihm in Beziehung tritt, vom Bewusstsein grundlegend verändert. So transformiert sich das Paradigma der Wissenschaft, und einher geht mit dieser Wandlung eine Ausweitung der Möglichkeiten, welche die Wissenschaft bereit ist, überhaupt in Betracht zu ziehen.

Die Quantenphysik ist weit mehr als die gemeinsamen Berechnungen einiger brillanter, aber im Elfenbeinturm der Wissenschaft eingeschlossener Forscher. Tatsächlich ist sie der Anfang der wissenschaftlichen Beschreibung eines neuen Paradigmas. Die Quantenphysik ist der Anfang der Beschreibung einer Welt, in der die Wirklichkeit verändern wird vom Bewusstsein, in der eine Wirkung von einem Punkt aus das gesamte Universum verändert, in der es Wirklichkeit immer nur gibt in der Verbindung mit Bewusstsein.

Mit Newtons Physik und dem ihr innewohnenden Materialismus haben wir eine falsche Richtung eingeschlagen. Bis wir das verstanden haben, hat es 300 Jahre gedauert. Im Verlauf dieser Jahrhunderte ist Newtons Sicht der Dinge so sehr zu unserer eigenen Weltanschauung geworden, dass jeder Teilbereich unserer

Wirklichkeit von ihr durchdrungen wurde. Entgegen unserer eigenen Intuition haben wir uns weismachen lassen, die Welt sei mechanistisch und berechenbar.

In derselben Zeitspanne wurden wissenschaftliche Prinzipien postuliert, welche mit diesem Materialismus einhergingen. Daraus ist unsere Medizin entstanden, unsere Psychiatrie, unsere Auffassung von der Zeit, unser Verständnis des Alterungsprozesses und schließlich auch das des Todes. In Newtons Sicht der Dinge sind das alles materielle, mechanistische und berechenbare Abläufe.

Das Paradigma der Relativität und die Erkenntnisse der Quantenphysik haben sich noch nicht durchgesetzt. Teilweise sind sie noch nicht einmal von den Wissenschaftlern selber ganz ausformuliert worden, geschweige denn von der Allgemeinheit aufgenommen und verstanden worden.

Das neue Paradigma eines Universums der gegenseitigen Abhängigkeit und Verbundenheit, einer Welt, die vom Bewusstsein geformt wird, ist jedoch seit Jahrtausenden verstanden, beschrieben und ausgedrückt worden. Sie ist das, was Mystiker intuitiv geschaut haben. Die Beschreibungen hierzu finden wir in den Weden der Hindus, in der Kabbala der Juden, in den Lehren der Sufis, bei christlichen Mystikern und taoistischen Weisen. Die Wissenschaft wird schließlich die Mystik als ebenbürtige Disziplin anerkennen, und mit dieser Erweiterung der Sichtweise, mit dieser Erweiterung des Bewusstseins wird sich auch die Wirklichkeit der Medizin verändern.

Im Zusammenhang mit dieser Veränderung ist es möglich, dass wir erleben werden, wie sich das Bewusstsein den großen Herausforderungen von Gesundheit und Krankheit zuwendet. Erst vor kurzem wurde von der Schulmedizin anerkannt, was einer intuitiven Wahrnehmung als offensichtlich erscheint: dass Entspannung einen Einfluss hat auf die Gesundheit des Herzens, dass Visualisierungen die Immunabwehr steigern können, dass das Rezitieren von Klanglauten oder Mantren eine Wirkung hat auf den Blutdruck und anderes im Körper – kurzum: dass Gebete heilen.

Und damit befinden wir uns noch im Anfangsstadium ungelenker erster Gehversuche, bei denen die Auswirkungen von Bewusstsein auf scheinbar rein physikalische Systeme untersucht werden. Eine bewusste Steuerung von Gesundheit ist das unbegrenzte Potential der Menschheit – wir müssen uns dessen nur noch bewusst werden.

In Tat und Wahrheit steht die Einsicht an, dass Bewusstsein Gesundheit ist. Beeinflusst ein natürlicher Bewusstseinszustand die Wirklichkeit in einem ausgewogenen Maß? Unterliegt Bewusstsein einem Alterungsprozess? Stirbt es?

Von den Eigenschaften des Bewusstseins weiß die Wissenschaft noch wenig. Einzig in der Mythologie und in Archetypen ist der Versuch unternommen worden, ein bewusstes Universum zu beschreiben. Darin sind Antworten enthalten auf die Rätsel von Krankheit, Alter und Tod. Doch die Fähigkeit, Mythos und Wissenschaft zu verbinden, Brücken zu schlagen zwischen

Physik und Metaphysik, zwischen dem Materiellen und dem Immateriellen, schlummert in uns allen. Diese Fähigkeit ist ein Geburtsrecht des Menschen. Sie ist die eigentliche Natur unseres Seins.

Wirklichkeit gibt es nur, wo diese Bereiche zusammentreffen und weil sie zusammentreffen. Wir sind beides: der Ausdruck von Bewusstsein und die Verkörperung von Bewusstsein in der Materie.

Bewusstsein ohne Materie entbehrt des Ausdrucks, Materie ohne Bewusstsein hat keine Wirklichkeit. Das eine kann ohne das andere nicht gegenwärtig sein.

Weil wir uns alle an einer Schnittstelle von Bewusstsein und Materie befinden, stehen uns beide Bereiche offen. Über den Umgang mit Materie haben wir bereits viel gelernt, doch von der Natur des Bewusstseins haben wir noch nicht genug verstanden. Während die Erkenntnisse der Wissenschaft, also die Beschreibungen der materiellen Welt, riesige Bibliotheken füllen, fehlt uns zum Verständnis des Bewusstseins selbst eine erste grundlegende Theorie, von der wir ausgehen könnten.

Immerhin gibt es Physiker, die erkannt haben, wie tief greifend Bewusstsein Materie beeinflusst, wo es mit ihr in Verbindung tritt. Diese Veränderung ereignet sich jenseits von Zeit. Sie ist keinem Ablauf unterworfen.

Auch das Bewusstsein, das uns allen jederzeit und unvermittelt offen steht, verändert uns tief greifend. Diese Veränderung ist zeitlos und ebenfalls keinem Ablauf unterworfen.

Was für eine Wirkung hat nun das Bewusstsein auf Krankheit? Übt es auf sie einen tief greifende Wirkung aus? Das Bewusstsein steht uns allen zur Verfügung, da gibt es für unser Erforschen keine Grenze.

Was geschieht mit dem Bewusstsein, wenn wir krank werden? Ist es uns möglich, aus der Geschäftigkeit auszusteigen, den Tagesablauf zu unterbrechen, den Gewohnheiten ein Ende zu bereiten und zur Bewusstheit zu finden? Was ereignet sich im Augenblick der Unterbrechung, des Nichtstuns, wenn wir uns verbinden mit der Kraft des Lebens?

Der Widerstand gegen das Innehalten, gegen das Ruhigwerden und gegen eine Rückverbindung mit der Lebenskraft, das ist nichts anderes als der Prozess der Krankheit. Der Körper bedarf des Bewusstseins und der Lebenskraft. Er leidet an einem Mangel. Krankheit ist ein Verhungern des Körpers. Bei diesem Verhungern geht es nicht um einen Mangel an Nahrung, sondern um die Zufuhr von Bewusstsein in jede Zelle des Körpers.

Dieser chronische Mangel an Bewusstsein zeigt sich im langsamen Abbau und im Zerfall des physischen Körpers. Es ist der Prozess der Krankheit, der Prozess des Alterns, was wir als mechanistisches Programm in unserer Erinnerung finden und in unseren Genen. Es ist der unaufhaltsame Zerfall des physischen Gestalt und schließlich deren vollständige Auflösung in den Strom des Lebens.

Wir altern, weil wir das so gelernt haben. Dabei halten wir uns an die grundlegendste biologische Erinnerung und bleiben Ausdruck unseres genetischen Codes.

Doch müssen wir tatsächlich altern? Viele Formen des Lebens erneuern sich. Bestimmte einfache Formen des Lebens sind so gut wie unsterblich. Was für eine Wirkung hat das Bewusstsein auf den Alterungsprozess, auf die codierte Erinnerung des genetischen Materials?

Vom Licht des Bewusstseins wird selbst der Tod in Frage gestellt. Was geschieht mit dem Tod, wenn sich das Bewusstsein ihm zuwendet?

In einem mystisch-magischen Universum der Quanten liegt auch das Potential, Krankheit, Alter und Tod auszulöschen. Dieses Universum existiert bereits, und wir sind ein Teil davon. Wir sind geprägt von Jahrtausenden des linearen Denkens. Diesem Denken ist es verwehrt, ein nicht lineares, nicht festgefahrenes, zeitloses und sich veränderndes Universum zu erfassen. Ein festgefahrenes Denken vermag sich kein Universum vorzustellen, das aus reiner Energie besteht, die Formen entwirft aufgrund ihrer eigenen Intelligenz.

Das Potential zur Auslöschung von Krankheit, Alter und Tod liegt in der Vereinigung des psychosomatischen Geflechts, in dem wir verkörpert sind, mit einer völlig neuartigen und unbegrenzten Energie. Diese Energie ist frei von den Einschränkungen des Denkens, und sie ist frei von Erinnerung. Wenn diese Energie auf die psychosomatischen Konditionierungen trifft und wenn diese durch sie transformiert werden, so könnte das der nächste Schritt in der Evolution der Menschheit sein.

Über die Beschaffenheit dieser Energie wissen wir nur sehr wenig. Manch einer hat im Verlaufe der Zeiten den Versuch unternommen, sie zu verkörpern – Mystiker, Schamanen, Alchemisten und Physiker. Vorerst sind wir erst einigen Aspekten ihres Wirkens begegnet, in Spontanheilungen, Psi-Erscheinungen, Wunderheilungen und vielleicht auch bei der Auferstehung klinisch Totgesagter. Weiteren Aspekten ihres Wirkens sind wir begegnet in den schwer fassbaren Experimenten von Physikern und in den Berechnungen von Mathematikern.

Solche Fragmente verweisen uns auf die Möglichkeit, dass sich die Energie des Lebens auf Bahnen bewegt, die nicht in den Rahmen unseres kulturell und wissenschaftlich geprägten Paradigmas passen.

Wir sind mit Konzepten und Ideologien derart vernagelt, dass wir keinen Weg finden, um uns der ungeteilten Energie gegenüber aufzutun. Das Einzige, was uns offen steht, ist über die Möglichkeiten dieser Energie in Bezug auf den menschlichen Körper zu theoretisieren. Doch mit Theorien werden wir hier nicht weiterkommen.

Noch wissen wir nicht, was es braucht, um diese Qualität in jede Zelle unseres Seins zu bringen. Lassen wir daher los, was wir wissen. Danach wird es uns vielleicht möglich sein, darüber hinaus zu gelangen. Was darüber hinaus reicht, ist das Mögliche.

Tod und Unsterblichkeit

Der Tod ist nicht das Ende unseres Lebens. Der Tod tritt beständig ein, auch und gerade jetzt.

Der Tod stellt sich ein, wenn das Denken aussetzt und wenn das Selbst sich auflöst. Der Tod ist der innerste Kern des Lebens, er ist dem Leben nicht entgegengestellt.

Da ist kein Ort, der nicht stirbt, kein Punkt und keine Ansicht, die nicht vergehen in dem Augenblick, in dem wir zu ihnen finden.

Da ist kein Vogel, in dessen Gesang nicht bereits der Tod mit erklingt.

Und da ist kein Tod, der in sich nicht bereits das Neue trüge.

Leben wir, um uns an das zu klammern, das stirbt, oder leben wir, um das Neue hervorzubringen?

Im Augenblick des Todes – und in jedem Augenblick des Lebens sterben wir – wartet etwas Neues darauf, sich auszudrücken.

Vom Gesichtspunkt des Lebens aus betrachtet, gibt es einen ununterbrochenen Strom von Gestalten, die hervortreten und verschwinden, und darin gibt es keinen Tod. Da ist nur Leben und dieses Leben ist der zeitlose Ausdruck seiner eigenen Natur.

Wenn wir den Standpunkt jenes zeitlosen Ausdrucks von Leben einnehmen, so werden auch wir zeitlos und unsterblich. Von dort aus gesehen sind wir gestorben und von dort aus gesehen sind wir verbunden.

Untersuchung

Das Leben ist dynamisch, stets ist es in Bewegung und stets verändert es sich.

Weil wir Gefahr laufen, dogmatisch zu werden und uns in Konzepte zu verstricken, ist es wichtig, dass wir bis zur Grenze unserer Kenntnisse vordringen.

Die Erkenntnis des Absoluten steht nicht am Ende, sondern am Anfang einer Untersuchung des Absoluten.

Wenn wir einmal erkennen, wie beschränkt unser vom Denken bestimmter Zustand ist, so ist dieser Zustand damit nicht aufgehoben. Nun stellt sich die Frage, wie unsere Lage beschaffen ist und wie sie sich transformieren lässt.

Die Vereinigung des Absoluten mit dem Relativen, des Bedingten mit dem Unbedingten ist eine Art von Bewusstseinsevolution, an der wir alle teilhaben. Doch sie ereignet sich außerhalb der Zeit.

Wir glauben, uns auf selbstgenügsame Weise in die Höhle unserer spirituellen Erkenntnisse zurückziehen zu können, um dort, frei von Anfechtungen oder Behinderungen, die Natur der Wirklichkeit und das absolute Bewusstsein zu erfahren. Tatsächlich gibt es keinen solchen Ort, an den wir uns zurückziehen könnten. Die Natur der Wirklichkeit und das absolute Bewusstsein sind zugleich das, woraus wir uns zurückziehen wollen, aber auch das, wohin wir fliehen wollen. Sie sind all das alles und sie sind überall.

Lässt sich diese Erkenntnis im täglichen Leben verwirklichen? Ist es möglich, den Arbeitsplatz, die Gemeinschaft und den eigenen Wohnort zu transformieren? Gelingt es dem Körper, eine Umwandlung zu vollbringen, als Voraussetzung dafür, dass er zum Gefäß jener Energie wird? Vermag der Körper zum Ausdruck jener Energie zu mutieren, statt zum Ausdruck von Krankheit, Alterung und Tod zu degenerieren?

So stellt sich eine Untersuchung unseres Lebens dar. Jede Ecke und jeder Winkel unserer Existenz wird dabei ausgeleuchtet. Wohin das führt, wissen wir nicht. Wissen können wir bloß, dass die Welt ohne dieses Unterfangen weiterhin ein Ort des Unfriedens und der Auseinandersetzungen sein wird.

Ob die Welt weitere Zerrissenheit durch Kriege, Politik, Überbevölkerung und Verschmutzung ertragen kann, ist ungewiss. Gewiss hingegen ist, dass ohne eine radikale Veränderung in der Grundlage unseres Lebens sich nichts Neues ereignen kann und es weitergeht wie bisher.

Wir merken, dass sich diese Auseinandersetzung nicht irgendwo dort draußen ereignet. Das Ende der Auseinandersetzungen, die grundlegende Verwandlung unseres Daseins in seiner Gesamtheit, fängt in uns selber an. Nirgendwo sonst liegt die Verantwortung als bei uns selber.

Das Verbundensein und das Erkunden von Beziehungen leiten ihre Form und Struktur ab aus der Ganzheit. Wirklich geschehen kann das, wo wir abwesend sind, das heißt, wo kein psychologisches «Ich» mitmischt.

Dieses Erkunden geschieht aus keiner Mitte heraus und doch verändert es jeden Bereich unseres Lebens, es ist das Aufeinandertreffen von Energie und Materie, Bewusstsein und Wirklichkeit. Diese Untersuchung kündet von einem unbekannten Geliebten, der vor unserer Tür steht und anklopft.

Einladung zum Dialog

Dies ist eine Einladung zum Dialog. Ein Dialog kann vielfältige Formen annehmen. Dialog ist der vereinende Ausdruck von Dualität. Dort, wo scheinbar zwei sind, ist Dialog die Umarmung, in der sich diese zwei vereinen.

Die Gesamtheit des Lebens umfasst alle Formen. Ist das einmal erkannt, sucht Form im Gegenüber das Formlose zu erkennen.

Hier geht es nicht darum, dass der eine den anderen dominiert. Wahrer Dialog bezieht das Gegenüber mit ein.

Es mag eine Untersuchung der Innenwelt oder der Außenwelt sein. Es kann ein Gespräch mit der Lebenspartnerin oder mit dem Lebenspartner sein, mit einem Kind oder einem Freund. Dialog kann sich durch eine unverhoffte Bekanntschaft auf einer vielbegangenen Straße ergeben, die Schönheit einer frisch erblühten Blume kann der Auslöser für Dialog sein oder der Ausdruck von Mitgefühl gegenüber dem Schmerz eines anderen Menschen. Dialog ist die Dialektik des Lebens mit sich selbst.

An diesem umfassenden Austausch sind wir alle beteiligt. Wir alle nehmen teil am Spiel des Lebens in seinen vielen offensichtlichen Einzelheiten so gut wie in seiner unbestreitbaren Gesamtheit. Mögen wir in diesem Austausch immer wieder den Weg zurück zum Anfang finden, dorthin, wo das Spiel mit uns selber begann.

Und wenn wir miteinander sprechen, so mögen wir erkennen, dass wir mit uns selber sprechen. Wenn wir uns begegnen, so treffen wir nicht mit Fremden zusammen. Wir haben bloß vergessen, dass wir uns schon einmal begegnet sind und dass wir alle schon so oft miteinander gesprochen haben. Das ist der Dialog.

Lasst uns mit diesem Dialog beginnen – auf dass er in unserem Leben stattfinde.

Wer sich angesprochen fühlt, wende sich an:
Steven Harrison
P.O. Box 6071
Boulder, CO 80306
USA
E-Mail: InDialog@aol.com
Website: www.doingnothing.com

Das gesamte Autorenhonorar aus dem
Verkauf dieses Buches
geht an wohltätige Organisationen.
Dazu zählen:
All Together Now International
P.O. Box 7111
Boulder, CO 80306
USA
E-Mail: AllToNow@aol.com
Website: http://www.alltogether.org

«Als Einzelne können wir für einen
Unterschied sorgen. Wenn wir alle
zusammenstehen, schaffen wir eine Veränderung.»

All Together Now International
fördert Wohlfahrtsprojekte für Kinder,
unterstützt Initiativen zur Ausbildung
verarmter Frauen und betreibt Gesundheitsfürsorge
für Menschen, die sich eine solche
nicht leisten können.
ATNI ist derzeit in Tibet, Nepal und Indien tätig.

Inhaltsverzeichnis

Steven Harrison

Eins sein

TRANSFORMATION DURCH BEZIEHUNG

«Der Autor spricht über Sex und Beziehung aus der Sicht eines wahren Mystikers: Lesen und Selbst-Erkennen!» coop-Zeitung.

Gebunden, 160 S., Euro 19.–/Fr. 32.–

(ISBN 3-9521966-2-2)

Sei, wo du bist

LEBEN ALS MEDITATION

Alles Üben und Bemühen hilft nicht weiter: Schließlich führt die tiefste Versenkung und die höchste Verzückung zurück in den Alltag, und das Leben selbst erweist sich als die wahre Meditation.

Gebunden, circa 240 S., Euro 22.–/Fr. 35.–

(ISBN 3-9521966-6-5) erscheint April 2003

Nichts tun

AM ENDE DER SPIRITUELLEN SUCHE

Mystik ohne Imponiergehabe und Brimborium, schnörkellos, radikal, befreiend.

Gebunden, 144 S., Euro 18.–/Fr. 28.–

(ISBN 3-9521966-0-6)

Edition Spuren
Wartstraße 3, CH-8400 Winterthur
edition@spuren.ch www.spuren.ch
Tel. ++41 (0)52 212 33 61, Fax … 71